심리학으로 말하다

패션

심리학으로 말하다
패션

초판 1쇄 발행 | 2021년 4월 10일

지은이 | 캐럴린 메어
옮긴이 | 권현민
펴낸이 | 조승식
펴낸곳 | 돌배나무
공급처 | 북스힐
등록 | 제2019-000003호
주소 | 01043 서울시 강북구 한천로 153길 17
전화 | 02-994-0071
팩스 | 02-994-0073
홈페이지 | www.bookshill.com
이메일 | bookshill@bookshill.com

ISBN 979-11-90855-06-8
979-11-90855-00-6 (세트)
정가 13,500원

• 이 도서는 돌배나무에서 출판된 책으로 북스힐에서 공급합니다.
• 잘못된 책은 구입하신 서점에서 교환해 드립니다.

심리학으로 말하다

06

FASHION

패션

Carolyn Mair | 권현민 옮김

캐럴린 메어 Carolyn Mair는 런던 컬리지 오브 패션London College of Fashion에서 패션 심리학으로 학사와 석사 학위를 받았다. 언론 매체, 의류 브랜드, 교육 전문가와 함께 다양한 작업을 진행하는 프리랜서 컨설턴트로 활동하고 있다.

권현민은 이화여자대학교 통·번역대학원에서 한영번역학을 전공하였고 한국문학번역원의 번역아카데미에서 공부했다. 옮긴 책으로는 '심리학으로 말하다' 시리즈의 『신뢰』(2020) 외에도 『플립잇』(2010), 『웨이 백』(2010)이 있다.

사랑하는 어머니 베티와의 추억을 기리며

01 패션을 입은 심리학 • 9

02 패션 산업에서의 안녕감 • 42

03 신체상과 아름다움 • 66

04 나를 표현하는 패션 • 108

05 어떤 옷을 살까? • 145

06 무슨 옷을 입을까? • 175

07 패션의 현재와 미래 • 214

감사의 글 • 238

주 • 240

추가자료 • 258

01
패션을 입은 심리학

『패션: 심리학으로 말하다』는 루트리지 출판사의 '심리학으로 말하다' 시리즈로, 응용 심리학의 새로운 분야인 패션 심리학을 소개하기 위해 기획되었다. 새로 떠오르는 심리학의 한 갈래인 패션 심리학을 통해 독자들은 패션 및 패션 산업과 인간 행동 사이의 상호 관계를 더 깊이 이해하고 결국엔 패션을 행복 추구의 수단으로 활용하게 될 것이다.

패션 관련 수많은 잡지와 블로그 그리고 패션 전문가는 옷차림을 보면 우리가 어떤 사람인지 알 수 있다고 말한다.

이들에 따르면, 패션은 비언어적인 의사소통 방식을 통해 우리가 누구인지, 다시 말해 우리의 성격과 정체성을 표현한다. 이러한 직관적인 생각에 귀가 솔깃해지는 것이 사실이다. 그러나 이러한 주장은 이러저러한 심리학적 개념에 대한 대화를 끌어내기는 하지만 과학적인 근거는 빠져있는 경우가 많다. 패션 심리학을 공부한 이후 많이 받는 질문은 어떤 패션 아이템이나 특징을 선택하는 행동에 사람의 심리가 작용하는가에 관해서이다. 책을 읽으면서 알게 되겠지만 이 질문에 대한 답은 직관적인 것과 연관되어 있지만은 않다.

우리는 1초도 안 되는 시간에 외모만 보고 사람을 판단하지만 이러한 판단은 잘못된 경우가 많다. 옷의 심리학적 의미를 해석할 때는 옷을 입은 사람뿐만 아니라, 관찰자와 사회·문화적 맥락도 고려한다. 그럼에도 우리가 입는 옷은 다른 물건과 마찬가지로 우리 정체성의 일부가 되어 우리를 특정 집단에 속하게도 하고 특정 집단과 구분 짓기도 한다. 그러나 모든 사람이 옷을 보고 나와 같은 생각을 하지는 않는다는 점을 염두에 두어야 한다.

길거리, 언론, 미디어 속 패션 이미지에 익숙해지다 보면, 때와 상황에 따라 스스로 느끼는 자신감의 정도가 달라질 수 있다. 이 감정이 우리의 자존감과 정신건강과 안녕감에 영향을 미쳤을지도 모른다. 어디에서나 흔히 보이기 때문에 패션 이미지의 영향력을 미처 인식하지 못할 수도 있기 때문이다. 또는 패션 산업이 환경과 사회 문제에 일부 책임이 있다는 이야기를 듣고 이에 대해 더 깊이 알아보고 싶을 수도 있다. 단순히 더 깊이 아는 것을 넘어 개인 차원에서 더 깊이 관여할 방법을 찾고자 할 수도 있다. 이뿐만 아니라 그 외의 많은 문제들도 인간 행동의 과학적 연구, 즉 심리학의 관점에서 접근할 수 있다.

이 책의 목표는 독자가 가장 넓은 의미에서 패션과 인간 행동의 상호 영향을 이해하고 패션에 좀 더 자신 있게 접근하도록 유도하는 것이다. 이를 통해 패션 산업이 더 윤리적이고 지속 가능한 산업으로 발돋움하는 데 기여할 수 있기를 바란다.

일반 독자를 대상으로 하는 이 책은 패션이나 심리학에 대한 전문 지식이 없어도 읽을 수 있다. 이번 장에서는 패션과 심리학 용어의 정의, 심리학을 패션에 응용하는 것이 중요한 이유, 대략적인 패션의 역사, 심리학에서 증거를 끌어내는 방식에 대해 설명하고, 책의 나머지 부분에 대해서도 간단히 소개할 것이다. 그리고 마지막에는 추가자료 목록이 제공된다. 이제 본 이야기를 시작해 보자.

용어의 정의

심리학

옥스포드 영어 사전에 따르면 심리학은 '특정 상황에서 행동에 영향을 미치는 인간의 정신과 그 기능을 연구하는 과학적 연구'이며 '인간이나 집단의 정신적 특징 혹은 태도'로 정의된다.[1] 영국의 심리학 전문가 단체인 영국 심리학회British Psychological Society에서는 심리학의 개념을 다음과 같이 정의한다.

> 심리학은 정신은 물론, 의사소통, 기억, 사고, 감정에 이르기까지 정신이 행동을 어떻게 주관하고 영향을 미치는지에 관한 과학적 연구이다. 심리학은 행동의 모든 측면

과 행동 이면에 있는 사고, 감정, 동기에 대한 것이다. 심리학은 인간이 특정 행동을 하게 된 동기를 이해하는 작업이고 그 이해를 바탕으로 사회의 많은 문제점을 해결할 방법을 제시한다. 과학으로서의 심리학은 인간 행동을 연구하는 학문으로 관찰, 측정, 실험을 통해 논리적인 과학적 방법론을 바탕으로 결론을 도출한다.[2]

영국 심리학회에 따르면, 심리학자는 이론에 대한 이해를 바탕으로 이론을 확장하고, 검증하고, 결과를 예측함으로써 삶의 질을 개선하는 일을 한다(http://beta.bps.org.uk/DiscoverPsyhology 참고). 미국 심리학회American Psychological Association는 심리학을 다음과 같이 정의한다.

심리학은 정신과 행동에 관한 연구이다. 심리학은 뇌의 기능에서부터 집단행동, 유아 발달부터 노인 부양에 이르기까지 인간이 하는 경험의 모든 측면을 포괄한다. 과학연구센터에서부터 정신건강관리 공공사업에 이르기까지 떠올릴 수 있는 모든 장소에서 인간 행동을 이해하는 일은 심리학자의 도전 과제이다.[3]

패션

패션에 관해 합의된 정의를 찾기는 쉽지 않다. 옥스포드 영어 사전에서는 패션을 명사로는 '옷, 머리, 장식, 행동의 유행하는 스타일이나 최신 스타일'로 정의하고, 동사로는 '무언가를 하는 방식'으로 규정한다.[4] 미국의 패션 역사가이자 FIT 미술관Museum at the Fashion Institute of Technology의 큐레이터이며 관장, 계간학술지 『패션 이론Fashion Theory』의 편집장이기도 한 밸러리 스틸Valerie Steele은 학술지에 기고한 글에서 패션을 체화된 정체성의 문화적 구성이라고 정의했다.[5] 흔히 말하는 패션은 스트리트 패션과 하이패션(오트쿠튀르와 같은 의미로, 디자이너의 철학이 반영된 작품성 있는 고급 패션 – 옮긴이 주)을 포함한 모든 형태의 '셀프 패셔닝self-fashioning'을 아우른다. 패션은 보통 널리 퍼져 있는 옷이나 행동 스타일을 지칭하고, 그 결과 변화라는 두드러진 특징을 갖는다. 스틸은 패션이 사람들의 관심을 끄는 이유가 패션이 신체와 밀접한 관계에 있고, 따라서 입는 사람의 정체성과도 관련되어 있기 때문이라고 말한다. 탠시 호스킨스Tansey Hoskins는 2014년 자신의 저서 『런웨이 위의 자본

주의Stitched Up: The Anti-Capitalist Book of Fashion』에서 '만들어진 신비로움'을 지닌 패션을 통해 어떻게 협상과 탐색이라는 사회적 과정이 이루어지는지에 대해 기술한다.[6] 호스킨스는 밀라노, 런던, 파리, 뉴욕에서 만들어지는 것이 패션이고 이러한 중심지 밖에서 만들어지는 것은 의류나 옷에 불과하다는 개념을 패션 산업이 고착화하고 있다고 주장한다. 패션은 단어의 정의를 보더라도 변화와 관련 있고 일반적으로 젊은 사람과 연결 짓지만, 옷은 기능적 아이템과 장식적 아이템을 포함하는 포괄적인 용어로 사용된다. 이 책에서는 독자의 편의를 위해 두 단어를 같은 개념으로 사용할 것이다.

심리학을 패션에 응용하는 중요한 이유

패션은 창의적이고 흥미롭고 역동적이다. 패션의 이러한 본질과, 패션과 신체의 떼려야 뗄 수 없는 긴밀한 관계로 인해 패션 산업은 많은 문제를 드러낸다. 그리고 이러한 문제는 개인적, 사회적, 전 지구적 차원에서 우리에게 심리적인 영향을 미친다.

옷은 우리의 두 번째 피부이다. 몸 바로 옆에 존재하며 우리 정체성의 일부가 된다. 패션 의상은 흔히 시각과 촉각의 단어로 묘사되지만 다른 감각 역시 중요하다. 향수나 미용 산업은 물론 가죽으로 만든 물건에서 후각이 하는 역할을 생각해 보자. 패션의 감각적 측면을 생각할 때 청각은 간과되기 쉽지만, 포장된 도로 위의 하이힐 소리나 드레스가 움직일 때 태피터taffeta 원단의 바스락거리는 소리를 상상해 보자. 입력된 감각은 지각이라는 심리적 현상을 거치며 뇌에서 처리된다. 외부에서 들어온 감각 자극을 지각하려면 주의 집중이 필요하다. 입력된 감각을 해석하기 위해 우리는 기억과 창의성과 소통 능력을 이용한다. 이 모든 과정은 뇌에서 일어나기 때문에 사실상 심리적이다. 옷은 기능성과 보호의 측면에서도 중요하지만, 다른 사람에게 우리 자신을 알리는 수단으로도 중요한 의미를 지닌다. 문화적 현상으로서의 패션은 여러 의미와 상징을 지닌다. 이러한 의미와 상징이 즉각 시각적 의사소통을 일으키고, 우리와 소통하는 사람은 이를 해석하고 이에 반응한다. 옷을 입는 스타일이 그 사람의 성격, 사회성, 능력, 지능 등의 특성을 나타낼 수 있다는 연구 결과도 있지만, 어떤 수단을 이용하든 소통은 복잡한 과정이기 때문에 전달된 메시지가 애초 의도와 다른 경우가 많다.

의사소통은 뇌의 수많은 과정과 연관되기 때문에 심리적인 것으로 여겨진다. 어떤 메시지든 그 의미를 해석하는 일은 복잡하다. 의미가 왜곡될 수 있는 수많은 가능성이 존재하기 때문이다. 말콤 바너드Malcolm Barnard는 자신의 저서 『소통으로서의 패션Fashion as Communication』에서 패션이나 옷의 의미를 해석하는 일은 어렵고 많은 문제를 안고 있다고 말한다.[7] 그런데도 옷과 패션은 여러 긍정적인 방식으로 활용되어 우리 삶의 기회와 자존감과 안녕감을 높일 수 있다. 다시 한번 말하자면, 옷과 패션은 심리적인 개념이다.

전 세계적으로 수백만 명이 몸담은 패션 산업은 이제 중요한 글로벌 산업이다. 남성복, 여성복, 운동복과 같은 하위 산업을 포함한 세계 의류 시장의 가치는 약 3조 달러에 육박하는데, 이는 전 세계 GDP의 2%에 해당한다. 패션업계에서는 세계적으로 5,780만 명을 고용하고 있으며 영국에서만 매년 260억 파운드 이상의 소득을 거두어들인다.[8]

개인이 입는 옷을 분석하는 것도 흥미로운 일이긴 하지만, 패션은 우리가 입는 옷보다 훨씬 더 많은 것들과 연관되어 있다. 패션 산업 종사자들은 여러 다양한 분야에서 일한다. 패션 및 직물 디자인, 직물 생산, 제조, 마케팅, 유통, 판매, 시각 판촉 같은 명백히 패션과 관련 있어 보이는 분야는 물론, 컴퓨터 프로그래밍, 법률, 회계, 광고 문안, 소셜미디어, 사업 관리, 심리학까지 점차 패션과 직접적인 관련이 없어 보이는 분야도 이들의 일자리에 포함된다.

패션은 본질적으로 인간의 행동과 관련 있기 때문에 심리학의 한 형태로 여겨질 수 있다. 그런데도 패션에 관한 대부분의 문헌은 문화 이론가, 패션 역사가, 사회학자, 인류학자, 철학자들이 내놓은 것이다. 최근까지도 패션에 대해 논의한 심리학자는 거의 없다. 수전 카이저Susan Kaiser는 1997년 『복식 사회 심리학The social Psychology of Clothing』에서 의복과 패션에 대한 심리학자들의 관심이 더디게 나타난다고 언급했다.[9] 그러나 다행히도 시대가 변하고 있다. 우리는 패션업계가 인간의 행동을 더 깊이 이해하고 더 정확하게 예측하기 위해 심리학적 증거에 열띤 관심을 보이는 모습을 목격하고 있다. 이러한 증거는 패션업계가 윤리적,

사회적 책임을 지고 업계 관행을 개선하는 데 사용될 수 있다.

이제 독자들이 심리학을 패션에 응용하는 것이 왜 중요한지 이해했기를 바란다. 이에 대한 심도 있는 논의를 하기에 앞서, 패션의 역사를 간략히 살펴볼 필요가 있다. 여기에서는 패션의 역사를 종합적으로 다루는 것이 아니라, 책의 주제와 관련된 배경지식을 전달하는 차원에서 간단히 설명할 것이다.

간략한 패션의 역사

패션은 오트쿠튀르haute couture에서 하이 스트리트 패션high street fashion(시내 대로변에서 볼 수 있는 패션으로 H&M, 자라와 같은 SPA브랜드를 주로 지칭 – 옮긴이 주)까지 범위가 다양하지만, 어디에서부터 시작되었는지는 상관없이 패션은 사람에 의해, 사람을 위해, 창조되고 생산되고 판매된다. 패션은 시간과 공간을 초월하며 끊임없이 변화하는 과정이다. 또한 정치적 변화를 앞서기도 하고 뒤따르기도 한다. 패션의 세계화로 인해 전 세계인의 옷차림이 전보다 획일화되었지만 항상 이런 것은 아니었다.

인류학자에 따르면, 인간이 옷을 입기 시작한 것은 네안데르탈인이 살던 기원전 20만~3만 년경부터였으며, 이때 돌보다는 뼈로 도구를 만들어 사용하기 시작했다. 네안데르탈인은 뼈를 이용해 가죽을 부드럽게 만들 수 있었기 때문에 유연해진 가죽으로 더 쉽게 옷으로 만들 수 있었다. 옷이 만들어지기 전에는 사람들이 의식이나 지위를 표시하기 위해 자신의 신체를 장식했다. 인간이 옷을 입기 시작하면서 신체 장식이 옷 때문에 가려지자 옷에 장식을 하기 시작했고, 그래서 옷은 실용적 기능은 물론 장식적인 기능까지 하게 되었다. 야생 아마 섬유에서 실을 뽑아 염색하고 매듭지어진 조각이 조지아의 동굴에서 발견된 적이 있다. 수십만 년 전에 제작된 것으로 보이는 이 조각은 인간의 체모가 줄어들면서 몸을 보온하기 위해 만든 옷의 조각으로 여겨진다. 한편, 인간이 아프리카에서 더 추운 지역으로 이동하던 중 오늘날의 이라크인 메소포타미아에 정착하게 되면서 옷의 필요성이 대두되었다는 주장도 있다. 메소포타미아인들은 양털에서 실을 뽑고 엮어서 펠트 같은 섬유로 만든 다음, 남성용으로 허리에 걸치는 천과 신발을, 여성용으로는 숄과 치마를 제작했다. 그 당시에도 부자는 금과 은으로 만든 크고 정교한 장신구를 착용하고 향수와 화장품을 사용했다. 이 주장에 따르면, 후에 사람들이 여러 지역으로 흩어지면서 최초의 이집트 문화가 나일강 기슭을 따라 형성되었다. 이때 남성과 여성은 가볍고 헐렁하면서 길게 늘어뜨린 모직이나 리넨 옷을 몸에 걸쳤다. 이들은 화장품으로 피부를 가꾸고 치장했으며 신분을 나타내기 위해 머리 장식을 썼다. 마찬가지로 그리스로 이동한 사람들도 신분을 나타내기 위해 옷을 입고 장신구를 걸쳤다. 기원전 2500~1600년경 현재 파키스탄 지역인 인더스강 주변에 거주하던 집단은 실을 짜고 염색해서 장식한 질 좋은 옷감을 몸에 둘렀고 장신구도 만들었다. 이러한 의복 스타일은 인간이 거주하는 지역에서 오랫동안 거의 변하지 않았다. 이 '패션'은 수 세기 동안 이어졌고 기원전 509년에 세워진 로마공화국에서까지 볼 수 있었다. 그 당시 부유한 남성과 여성은 무릎길이의 장식이 없는 느슨한 튜닉tunic을 입고 그 위에 몸에 두르는 긴 토가toga를 걸치거나, 긴 드레스 위에 망토를 입었다.

동아시아 지역에서 입던 옷도 비슷했다. 수 세기 동안 중국인 대부분은 튜닉이나 재킷에 헐렁한 바지를 입었고, 상류층은 소매가 길고 헐렁한 실크 가운을 입고 가운데나 가슴 오른쪽으로 가운을 고정했다. 중국의 전통 복식 관례는 계속 유지되다가, 청나라의 마지막 황제 선통제가 강제로 퇴위한 1911년 이후에 '서양식' 의복 착용이 허용되었다. 그러나 1949년에 마오쩌둥이 정권을 잡자, 무늬 없는 바지와 가슴에 주머니가 두 개 달린 스탠드칼라의 튜닉으로 이루어진 인민복, 일명 마오 슈트를 중국 전역에서 계층에 상관없이 모든 사람이 입게 되었다. 최근 중국은 세계에서 가장 중요한 패션 의류 및 액세서리 생산국일 뿐만 아니라 디자인에서도 영향력이 점차 커지고 있다. 중국의 디자인이 일본에 영향을 미친 것은 6세기부터이며 이때 많은 복식 전통이 일본에 도입되었다. 중국과 마찬가지로 일본 역시 19세기 후반까지 서양식 의복은 입지 않았다.

중세 유럽인들은 거친 양모나 동물 털로 만든 튜닉과 망토를 입었다. 후에 재단사가 등장해 부유층을 위한 옷을 만들었다. 여성은 목둘레선이 깊이 파이고 코르셋으로 엉덩이와 가슴을 지나치게 강조한 몸에 꼭 붙는 옷을 입었고,

남성은 레깅스나 바지를 입고 상의로 튜닉을 입었다. 르네상스 시대에는 부유층을 중심으로 벨벳, 양단, 리넨으로 만든 옷이 유행했다. 엘리자베스 1세 시대(1558~1603)에 부자들이 입는 옷은 훨씬 더 정교해져서 주름 장식을 단 칼라, 잘록한 허리, 넓은 어깨, 부풀린 소매, 폭넓은 머리 장식 등의 의상이 나타났다. 이어서 바로크 시대(1604~1682)가 열렸는데, 바로크 양식은 루이 14세가 통치하던 프랑스에서 시작되어 후에 유럽 전역으로 확대되었다. 이 시기에 여성은 좀 더 헐렁하고 장식이 복잡하지 않은 드레스를 입었고, 남성은 상의로 더블릿doublet(15~17세기에 걸쳐 남자가 착용한 상의로 꼭 맞는 허리에서 단이 넓어지는 길이가 짧은 옷 – 옮긴이 주)과 실용적인 가죽 재킷을 입고 하의로 호즈hose(중세부터 착용한 남성 하의로 다리에 꼭 맞는 타이즈 형태 – 옮긴이 주)보다는 무릎까지 오는 풍성한 브리치즈breeches(중세의 남성용 반바지 – 옮긴이 주)를 입었다.

조지 왕조 시대(1714~1830)와 섭정 시대(1811~1837)에는 중대한 변화가 생겨났다. 산업 혁명(1760~1840)으로 인해 새로운 생산 과정이 개발되면서 수공업 방식이 기계로 대체되었다. 또한 보다 효율적인 방식으로 수력을 활용하게 되었고 증기 기관의 사용이 증가했다. 그 결과, 조지 왕조 시대에 패션은 신분을 나타내는 지표로 그 중요성이 점차 커지게 되었고, 레이스와 양단으로 만든 값비싼 맞춤옷이 주를 이루었다. 남성과 여성 모두 분이 뿌려진 높이 솟은 가발을 썼고 굽이 높은 신발을 신었다. 여성의 드레스에는 파니에pannier(스커트를 넓히기 위해 허리에 넣는 틀이나 페티코트 등을 이르는 말 – 옮긴이 주)를 넣어 실루엣을 넓혔고, 남성은 장식이 없는 연미복과 꽉 조이는 긴 브리치즈를 입었다. 그 후에는 패션이 다시 단순해졌다. 섭정 시대에 여성은 허리를 조이는 코르셋을 입지 않고 느슨하게 걸친 듯한 간소한 드레스를 입었고, 남성은 판탈롱pantaloons(19세기 남자가 입던 긴 바지 – 옮긴이 주)과 긴 부츠를 신었다. 산업 혁명 때까지도 옷, 나아가 패션의 유행은 왕족이 만들어 냈으며 재봉사는 부자 손님을 위해 왕족의 의복을 그대로 베껴 옷을 만들었다. 가난한 사람이나 소작농은 헌 옷을 입거나 직접 만들어 입었다.

산업 혁명으로 인해 수많은 지방 노동자들이 직업을 구하러 산업 분야로 몰려들었고 도시의 생활 수준은 높아졌다. 지방에서 대가족을 이루며 살던 많은 사람들이 도시로 옮겨 와 낯선 사람들 사이에서 살았다. 낯선 이들과 어울리는 상황에서 상대방에 대한 신분이나 계층을 추측할 수 있는 정보는 겉모습 외에는 거의 없다. 결국 과거에는 부자의 전유물이었던 '패션'이 더 많은 사람들에게 중요한 의미를 갖게 되었다. 그러나 옷에 대한 접근성과 수요가 증가했어도 최신 유행 의상은 여전히 부유층만이 누릴 수 있었다. 그러다 1869년 싱어사社가 발재봉틀을 발명하면서 옷의 대량생산이 현실화되었고, 산업화한 도시의 신중산층이 벌어들이는 실소득이 증가하면서 재화에 대한 수요도 커졌다. 이러한 요구에 맞추어 새로운 상점들이 도시에 문을 열었고, 마케팅 전략은 소비문화를 자존감의 필수요소인 양 부추겼다. 이러한 추세는 외모 관리에 대한 소비로까지 확대되었으며 19세기 후반 무렵에는 패션 잡지가 뉴욕과 필라델피아에서 발행되었다.

평범한 여성과 남성도 패션과 유행의 의미에 대해 깊이 인식하게 되었다. 소스타인 베블런Thorstein Veblen이 1899년에 저술한 『유한계급론: 제도 진화 속의 경제 연구Theory of the Leisure Class: An Economic Study in the Evolution of Institutions』에서 과시적 소비라는 개념을 설명하고 전개한 것도 바로 이 시기이다.[10] 빅토리아 시대에는 패션에 대한 접근성이 훨씬 커졌다. 옷 수요를 충족시키기 위해 의류 생산 속도는 빨라졌지만 근무 조건은 열악해졌다. 1911년 뉴욕시에 위치한 트라이앵글 셔츠웨이스트 공장Triangle Shirtwaist Company에서 화재가 발생해 146명의 공장 근로자들이 현장에 갇혀 끔찍한 죽음을 맞은 사건이 있었다. 이 사건을 계기로 규정 근무 시간, 유급 휴가, 질병 수당, 근무 환경 개선을 의무화하는 법률이 도입되었다. 이 법률 덕분에 노동자에 대한 처우는 개선되었지만 패션의 정교함은 후퇴했다. 그로부터 100년이 넘는 시간이 흘렀지만, 안타깝게도 패션 산업의 저임금 노동 현장에서는 여전히 끔찍한 일들이 벌어지고 있다.

1920년대에는 여성이 더 자유로워졌다. 여성은 자신을 구속하는 옷을 버리고 중성적인 '플래퍼flapper' 스타일을 추구했다. 이 시기는 프랑스 패션의 황금기로 여겨지는데, 장 파투Jean Patou와 코코 샤넬Coco Chanel 같은 디자이너는 남성과 여성을 위한 운동복 스타일을 디자인했다. 대공황이 닥친 1929년부터 1939년 사이에 '플래퍼' 스타일은 지고, 코코 샤넬, 마들렌 비오네Madeleine Vionnet, 잔느 랑방Jeanne

Lanvin 같은 프랑스 디자이너와 이탈리아 디자이너 엘사 스키아파렐리Elsa Schiaparelli에게서 영향을 받은 길게 늘어뜨린 드레스가 그 자리를 대신했다. 제2차 세계대전 중에는 의복 생산에 필요한 물자가 부족했기 때문에 보다 효율적인 방식으로 옷을 만들어야 했고, 이에 영국 정부는 실용복 정책을 실시했다. 이 정책은 옷, 스타일, 원단 사용에 제한을 두었지만, 가격에 합당한 품질과 가치는 보장했다. 1941년 가을, 영국 정부는 모든 실용복과 원단에 'CC41'을 표기하도록 의무화했다. 'CC41'은 '사복 1941Civilian Clothing 1941'을 뜻한다. 1942년과 1943년에 영국 상무부는 물자 제한 추가 조치를 실시해 인건비와 생산비를 대폭 줄였다. 예컨대 남성복의 경우, 옷깃을 좁히고 단추 두 줄의 재킷은 한 줄짜리 재킷으로 대체되었으며 아랫단을 접어 올리는 바지는 금지되었고 주머니 수는 줄였다. 그러나 옷에 있어 스타일은 여전히 중요한 요소로 남아 있었다. 상무부는 의복에 스타일과 차별화가 사라질 것에 대비하여 1942년에 런던 패션 디자이너 협회Incorporated Society of London Fashion Designers를 구성했다. 여덟 명의 대표적인 패션 디자이너들이 매력적이고 멋진 실용복을 다양한 종류로 디자인해 선보였는

데, 모두 정부의 물자 제한 법령에 위배되지 않는 경제적인 옷이었다.

제2차 세계대전 이후 크리스찬 디올Christian Dior이 발표한 '뉴룩' 실루엣의 영향으로 오트쿠튀르의 인기가 높아졌다. '뉴룩' 실루엣은 길고 풍성해진 치마, 부드럽게 둥글린 어깨, 몸에 딱 맞는 잘록한 허리선이 특징이다. 게다가 신기술의 등장으로 합성섬유와 관리가 쉬운 원단이 사용되면서 각이 덜 잡히고 보다 일상복에 가까운 옷차림을 연출할 수 있게 되었다. 동시에 사회가 여러 변화를 겪으며 10대 청소년은 지속적인 교육을 받게 되었다. 이들 중에 '비트 제너레이션'과 '비트족'이 생겨났고, 장식 없는 어두운 옷을 입고 선글라스를 낀 '비트(패배한)' 룩의 학생들이 이 세대를 대표했다. 또한 일하는 10대 소년은 정장과 넥타이, 그리고 칼라를 단추로 채우는 버튼다운 셔츠를 입었다. 일하는 10대 소녀는 페티코트 위에 풍성한 치마를 입고 몸에 붙는 카디건이나 스웨터를 입어 모래시계 모양의 실루엣을 강조했다. 1950년대에는 미국의 로큰롤 우상에 영감을 얻어 탄생한 '테디 보이' 룩을 좋아하는 사람들도 있었다. 이들은 가죽 재킷, 폭이 좁은 넥타이, 몸에 꼭 맞는 바지를 입고 밝은색 양말을 신었다. 처음으로 10대들이 부모 세대와는 다른 옷을 입었고 이는 패션에 큰 영향을 미쳤다. 비트제너레이션 이후에는 학생들이 스웨터와 티셔츠에 스커트나 청바지를 입는 '프레피' 룩을 즐겼다.

1960년대의 전 세계 패션 트렌드는 런던 대중 음악계의 영향을 받아 '모드' 룩이 주류를 이루었다. 영국 디자이너 메리 퀀트Mary Quant, 잔드라 로즈Zandra Rhodes, 장 무어Jean Muir에 의해 탄생한 '모드' 룩은 깔끔한 스타일로 여성복은 기하학적 형태를, 남성복은 맵시 있고 날렵한 스타일을 선보였다. 모드는 신분 상승을 열망하고 노동자 계층의 삶으로부터 탈출을 꿈꾸는 하층 계급의 멋쟁이 남자를 지칭하는 말이다. 모드는 외모를 매우 중시하고 스쿠터를 타고 돌아다녔던 반면, 이들과 정반대인 로커는 거칠고 남성성이 강하며 가죽옷을 입고 오토바이를 타고 다녔다. 이 시기에 런던은 패션의 중심지가 되면서 젊은 소비자를 겨냥한 양품점이 도시 곳곳에 문을 열었다. 그러나 1960년대 후반 무렵, 대량생산되는 패션에 대한 욕구 대신 물질주의를 멀리하고 자연에 가까운 생활방식을 추구하는 움직임이 나타났다. 미국의 서부 해안 지역에서 시작된 '히피' 운동은 영국 패션계로 퍼졌고, 동양의 민족풍 스타일에 영향을 받은 헐렁하고 밝은 옷이 유행했다. 당시 영국의 주요 디자이너로는 오시 클라크Ossie Clark, 장 무어, 테아 포터Thea Porter, 잔드라 로즈 등이 있다. 1970년대 초기에는 음악의 영향을 받아 패션이 좀 더 다양성을 띠게 되었다. 히피 룩은 여전히 존재했지만, 도시 젊은이들은 통굽의 플랫폼 슈즈와 허리선을 높게 만든 하이웨이스트 바지 같은 좀 더 중성적인 실루엣과, 디스코에서 영감을 받은 화려한 스타일을 선호했다. 1970년대 후반에 나타난 펑크 운동은 끈, 지퍼, 징, 안전핀, 쇠사슬로 장식한 찢어진 검은 옷, 작업용 워크 부츠나 닥터 마틴Doc Martins 같은 스타일로 특징지어진다. 머리는 자연스럽지 않은 색으로 염색하고 뾰족한 모히칸식(머리카락을 수탉 벼슬처럼 가운데로 좁게 한 줄만 남기고 나머지는 다 면도하는 스타일 – 옮긴이 주) 모양을 만들었다. 1980년대에는 펑크와 히피 스타일에서 벗어나 극적인 변화가 생겨났다. 여성복은 어깨심, 짧은 치마, 레그 워머leg warmer, 신축성 있는 스키 팬츠(세련되게 날씬한 실루엣이 특징인 바지 – 옮긴이 주), 오버사이즈 셔츠가 주를 이루었다.

1990년대에는 레이브 문화가 영국, 독일, 미국에서 번성하면서 댄스 음악과 패션에 새로운 장르가 생겼다. 네온 색, 야광 막대, 짧은 치마, 배가 드러나는 짧은 윗옷은 클럽에 가는 사람에게는 교복과 다름없었다. 음악과 패션에서와 마찬가지로 1990년대의 패션업계에도 많은 움직임이 있었다. 1992년에 『보그Vogue』의 스타일리스트 이자벨라 블로우Isabella Blow는 알렉산더 맥퀸Alexander McQueen의 졸업 컬렉션을 본 후 그 해 『보그』 11월호에 맥퀸을 주요 기사로 다루었다. 존 갈리아노John Galliano가 프랑스의 디자이너 부티크인 지방시Givenchy의 수석 디자이너가 되었고, 이후 지안프랑코 페레Gianfranco Ferre의 뒤를 이어 디올의 수석 디자이너로 발탁되었다. 맥퀸은 지방시, 마이클 코어스Michael Kors는 셀린느Céline, 스텔라 매카트니Stella McCartney는 끌로에Chloé에서 수석 디자이너로 일했다. 마크 제이콥스Marc Jacobs는 루이뷔통Louis Vuitton으로 갔고, 알버 엘바즈Alber Elbaz는 기라로쉬Guy Laroche에서 일한 뒤에 이브 생로랑Yves Saint Laurent의 기성복 컬렉션 수석 디자이너가 되었다. 1990년대에는 기술이 빠른 속도로 발전했기 때문에 디자이너, 모델, 패션에 관한 이미지와 비디오 영상이 많이 제작되었다. 사람들은 디자이너 브랜드가 그려내는 라이프 스타일을 갈망했고 당대 슈퍼모델은 무명의 젊은 신인과 함께 무대에 등장했다. 이러한 신인 중에는 케이트 모스Kate Moss도 있었는데, 사진작가 마리오 테스티노Mario Testino가 케이트 모스를 발탁한 이유는 린다 에반젤리스타Linda Evangelista나 신디 크로퍼드Cindy Crawford와 같은 톱 모델이 요구하는 높은 모델료를 내기 싫어서였다.

이후로 패션에 사용되는 소재는 발달하고 있지만 패션 자체는 수십 년 전의 스타일을 재활용하고 있다. 2000년대에는 하위문화 혹은 '스타일 부족style tribe'에 속하면서 사회적, 경제적으로 낮은 계층의 젊은이들 사이에서 많은 패션 스타일이 탄생했다. 이러한 스타일은 셀러브리티를 거쳐 '쿨'해 보이고 싶어 하는 부유층 젊은이에게까지 퍼져 나갔다. 더욱이 한때 왕족과 부자만의 전유물이었던 고급 패션, 유명 디자이너 제품, 명품은 인터넷과 신용카드만 있으면 누구나 어디에서든 가질 수 있게 되었다. 행사장의 레드 카펫 위에서 셀러브리티가 입은 디자이너 의상은 곧바로 똑같이 만들어져 시내 번화가 상점에 진열되고 심지어는 몇 시간 안에 집에서 받아볼 수도 있게 되었다.

이러한 패스트패션fast fashion으로 인해 옷이 디자인되고,

생산되고, 소비되는 세 단계의 과정이 모두 바뀌면서 큰 타격을 입고 있다. 디자이너는 훨씬 더 빨리 더 많은 컬렉션을 내놓으라는 압박에 시달리고 이로 인해 디자인 과정과 디자이너의 정신건강은 타격을 입는다. 또한 패션 공급망과 생산 과정으로 인한 환경 문제를 인식하게 된 소비자가 늘고는 있지만 여전히 많은 수의 소비자가 필요 이상으로 많이 구매한다. 게다가 사람들은 원치 않는 옷을 고민 없이 버린다. 그중에는 한 번도 입지 않은 옷도 있다. 그러나 다행히도 일부의 사람들은 패션의 비윤리적 생산과 소비가 노동자, 소비자, 환경에 미치는 해로운 영향에 점차 관심을 기울이고 있고, 그 결과 보다 지속 가능한 패션 산업을 위해 사회 운동에 참여하기도 한다.

패션 산업은 매년 5.5%의 성장률을 보이며 전 세계 시장 규모는 매년 약 2조 4천억 달러에 달한다. 그러나 최근 세계 경제가 격변의 시기를 겪고 있어 시장의 확실성은 요원해 보인다. 2017년 『패션의 모습State of Fashion』 보고서에 발표된 맥킨지 글로벌 패션 지수McKinsey Global Fashion Index에 따르면, 다른 산업과 마찬가지로 패션 산업도 성장세가 둔화하고 있다.[11] 불황의 세 가지 주요 원인으로 꼽히는 것은 세계 경제, 소비자 행동, 패션 비즈니스 모델이다. 소비자는 점차 요구가 많아지고 안목이 높아지며 이들의 구매 행동은 예측이 어려워지고 있다. 증거를 바탕으로 한 소비자에 대한 이해가 그 어느 때보다 절실하다.

건강과 복지 상태를 확인하거나 장식 일부로 사용하는 웨어러블 기기에 대한 관심이 증가하면서 혁신과 변화의 바람이 불고 있다. 3D 프린팅, 증강 및 가상현실 등의 첨단 기술과, 우리의 신체 반응을 관찰하고 습관 형성을 유도해 삶의 질을 높이는 기술이 결합하고 있다. 심리학자는 행동과 행동을 변화시키는 방법뿐만 아니라 사용자 경험과 참여에 대해서도 깊은 이해를 지니고 있다.

순전히 실용적인 목적에서 탄생한 의복은 세계에서 가장 중요하고도 매혹적인 산업으로 발전해 왔다. 인간이 발전을 이루고 기본 욕구를 충족하면, 소속감, 존경, 자기실현에 대한 욕구가 커진다. 패션과 패션 관련 제품은 인간에게 다른 무리에 소속될 것을 유도하면서 이러한 욕구를 어느 정도 만족시켜 줄 수 있다. 인간은 디자인에서부터 생산, 제조, 광고, 마케팅, 시각 판촉, 판매, 소비, 처분에 이르는 패션의 모든 요소와 관련되어 있다.

패션은 중요하다. 우리의 옷이 우리를 말해준다는 단순한 차원을 넘어서 패션은 우리가 자신은 물론 타인을 바라보는 시각과 우리의 자아와 정체성 그리고 우리가 자신의 세상을 탐색하는 방식에도 영향을 미친다. 심리학을 패션에 응용하는 목적과 그 중요성에 대한 이해를 돕기 위해 이제부터 심리학자가 자료를 끌어내고 해석하는 방법에 대해 간략하게 설명하겠다.

심리학에서 증거를 도출하고 해석하는 방법

옷이나 의류 또는 패션이라 부르는 우리가 입는 것들은 인간의 경험에서 중요한 부분임이 틀림없다. 그러나 소수의 사회 심리학자를 제외하면 심리학자가 패션 연구에 있어 전반적으로 관심이 부족했던 것은 사실이다. 새롭게 떠오르는 분야인 패션 심리학은 기존의 이론을 새로운 맥락에 응용해야 하고 해석한 내용을 잠정적인 가설로 제시해야 한다. 이러한 가설은 앞으로 수년간 검증 과정을 거쳐 기존 이론을 뒷받침하기도 하고 뒤엎기도 할 것이다. 과학의

한 분야인 심리학은 철저함을 강조하고 비판적 사고를 통해 만들어진 증거 기반의 접근 방식을 취한다. 그동안 증거 기반의 심리학이 패션에 적용된 경우는 드물기 때문에, 심리학자는 기존의 이론을 응용해 가설을 세우고 가능성 있는 결과를 시험해 보아야 한다. 심리학적 연구는 일반적으로 '순수' 연구 또는 '응용' 연구로 정의된다. 실험실에 기반을 둔 순수 연구는 응용 연구에 정보를 제공하는 목적으로 사용된다. 응용 연구는 순수 연구에서 도출된 모델과 이론을 실험실과 대비되는 현장에서 시험한다. 또한 순수 연구가 실험실 이외의 상황에도 적용할 수 있어 생태학적 유효성을 갖추도록 개선하는 역할을 한다. 산업계나 다른 '응용' 분야에서 몸담은 심리학자는 직원들과 함께 일하며 그들의 경험을 이해하고 삶의 질을 개선하는 일을 하고 있다. 디자인적 사고를 응용하여 포괄적이고 창의적인 혁신을 도모해 사람들이 더 나은 삶을 살 수 있도록 돕는 심리학자도 있고, 법, 음악, 제약, 미디어, 심지어 패션 분야에서 일하는 심리학자도 있다. 물론 임상 심리학, 상담, 스포츠 및 운동, 건강, 교육, 법정 심리학, 직업 및 산업 심리학과 같은 전통 분야에도 여전히 심리학자들이 종사하고 있다.

분야와 상관없이 심리학자는 이론과 모델을 응용해 사람들이 지식을 넓히고 성과를 높이며 행복을 증진하는 데 도움을 준다.

심리학자는 보통 자신을 소개할 때 심리학의 주요 하위 분야 중 어느 하나를 전공했다고 말한다. 예를 들어 인지 심리학자의 연구 분야는 감각과 지각, 감정, 소통, 기억, 사고와 추론, 창의성, 문제 해결과 의사 결정을 포함한 뇌의 처리 과정을 이해하는 것이다. 이러한 연구 분야는 패션과 인간 행동의 상호 영향을 더 깊이 이해하는 데 필요한 관련 주제이기도 하다. 사회 심리학자는 개인의 태도와 생각, 감정, 행동이 다른 사람이 실제로 존재하거나, 혹은 상상 속에서 존재하거나, 또는 암시적으로 존재하는 상황에서 각각 어떤 영향을 받는지에 대해 이해하고 설명하는 것을 목적으로 한다. 이들은 인간의 행동을 이해하는 데 사회적 맥락에서 상호 작용의 접근 방식을 취하기도 한다. 이러한 접근법은 개인의 인지와 성격 요인은 물론 지금의 사회적 상황에도 주목한다. 발달 심리학자는 인생 전반에 걸쳐 나타나는 행동을 연구한다. 패션 심리학이 주로 소비자 행동 및 마케팅과 관련이 있다고 생각하는 사람이 많다. 그러나 소비자 행동과 마케팅은 행동 신경과학, 인지 심리학, 사회 심리학, 발달 심리학 같은 심리학의 '기본' 하위 분야라는 토대 없이는 존재할 수 없다. 많은 경우에 소비자 행동을 이해하려면 조직 및 경영 심리학과 같은 응용 심리학 분야의 지식도 필요하다. 점점 더 많은 심리학자들이 신경 과학자와 공동 연구를 하거나 직접 신경 과학을 연구하며, 특정 행동과 상관관계에 있는 신경이 뇌의 어느 곳에 있는지 알아내려 애쓰고 있다. 이 흥미로운 연구는 이 책에서 다루지 않지만 관심 있는 독자는 이 주제와 관련하여 훌륭한 자료가 많으니 참고하기 바란다.

사람들은 각자 다른 이유로 심리학에 관심을 둔다. 심리학을 통해 우리는 우리가 특정 행동을 하는 이유를 이해할 수 있다. 그러면 행동을 예측할 수 있고 결국엔 행동을 바꿀 수도 있다. 심리학에서 관찰과 개입의 결과는 확실성이 아닌 개연성의 관점에서 해석된다. 인간의 행동은 복잡하고 예측할 수 없기 때문에 심리학을 적용할 때에는 비판적인 사고가 필요하다. 과학적 접근 방식에서는 표본(부분 모집단)이 반드시 관심 모집단을 대표해야 하며 각 표본은 관심 모집단에서 무작위로 추출되어야 한다. 다시 말하면, 모집단에 속한 모든 사람은 선택될 확률이 같다는 의미이다. 관심 모집단에서 무작위로 표본을 추출해 충분히 큰 표본 집단을 만들고 수집한 정보를 분석하면 일반화가 가능하다. 그러나 해석은 항상 개연성 혹은 가능성의 관점에서 이루어지기 때문에 불확실할 수밖에 없다. 따라서 심리학자는 비판적 사고를 통해 방법, 결과, 이론을 면밀히 검토해야 한다. 그런 다음 가설 검증 과정을 반복해서 새로운 이론을 깊이 이해한 후에 마침내 이론을 정립할 수 있다.

심리학자는 소수의 개인으로부터 깊이 있고 다채로운 의미를 얻을 것인지, 아니면 전체 모집단을 통해 일반화를 끌어낼 것인지를 결정한 후에 관찰을 통해 수집한 반응을 분석한다. 전자의 경우에는 질적 연구 방법을 이용하고, 후자는 양적 연구 방법을 적용한다. 심리학적 연구 방법에 대한 상세한 설명은 이 책에서 다루지 않는다. 따라서 심리학 연구에서 자료를 만들고 분석하고 해석하는 일을 자세히 알고 싶은 독자는 연구 방법에 관한 자료가 많으니 참고하길 바란다. (이 책 마지막에 추가자료 목록을 참고해도 좋다.) 심리학은 대학에서 가장 인기 있는 과목 중 하나지만, 일반 대중이 생각하는 심리학은 여전히 근거 없는 믿음과 오해로 가득 차 있다. 흔한 예로, 공부를 잘할 수 있는 '학습 스타일'이 존재하고, 사람은 뇌의 10%만 사용하고 있으며, 사람은 우뇌형과 좌뇌형으로 구분되고, 심리학자는 사람의 마음을 꿰뚫는다는 주장들이 있다. 이 주제에 흥미를 느끼는 독자가 있다면, 인간의 뇌에 관해 널리 알려진 오해를 풀어 준 크리스천 재럿Christian Jarrett의 2014년 저서 『뇌를 둘러싼 오해와 진실Great Myths of the Brain』을 추천한다.

맺으며

이번 장에서는 앞으로 다룰 내용을 이해하는 데 필요한 기본 정보, 즉 용어의 정의, 패션에서 심리학이 중요한 이유, 간략한 패션의 역사, 심리학에서 증거를 도출하고 해석하는 방법에 대해 설명했다. 앞으로 전개될 내용은 다음과 같이 구성되어 있다. 2장에서는 긍정심리학과 심리적 안녕감의 개념을 소개하고, 패션업계에서 패션 디자이너와 모델의 정신건강 문제도 들여다본다. 3장에서는 신체상, 아름다움, 성형수술, 소셜미디어의 영향, 대상화에 초점을 둔다. 4장에서는 자아와 정체성의 개념을 설명하고, 자아와 정체성에 관한 이론에 대해 살펴보며, 이러한 이론과 패션 및 포괄성inclusivity(성, 인종, 장애 등에 따라 특정인을 배제하지 않고 포용하는 것 – 옮긴이 주)의 관계는 물론 사회 집단과 패션과의 관계에 대해서도 알아본다. 5장에서는 패션 쇼핑, 지속 가능한 패션, 안녕감을 위한 옷을 다룬다. 6장에서는 옷을 선택하는 행동 이면에 숨겨진 이유와 옷이 전달하는 메시지와 몸과 정신의 상호 관계에 대해 이야기한다. 7장에서는 앞에서 다룬 모든 내용을 종합해 패션 산업의 미래를 제시하였다. 이 책의 마지막에는 추가자료 목록을 더하여 책을 마무리했다.

02

패션 산업에서의 안녕감

우리가 입는 옷은 기능성과 보호 외에도 많은 역할을 한다. 옷은 상징적 의미를 전달하고 개인의 취향, 정숙함, 문화적 기대가 요구하는 바를 충족하며 사회적 지위와 성적 선호를 나타낼 수도 있다. 그러나 보다 광범위한 측면에서 보자면, 옷과 패션, 그리고 패션 산업은 오늘날 모든 이의 관심사인 듯한 정신건강과 심리적 안녕감에도 영향을 줄 수 있다. 이번 장에서는 관심이 집중되는 분야인 긍정심리학과, 긍정심리학의 한 요소인 심리적 안녕감을 소개하고 패션 디자이너와 모델의 정신건강 문제에 대해 다룰 것이다.

긍정심리학과 심리적 안녕감

마틴 셀리그만Martin Seligman 교수는 개개인의 문제를 파악하는 기존의 정신병리학적 연구로서의 심리학에서 관점을 전환해 '긍정적인 주관적 경험, 긍정적인 개인의 특질, 긍정적인 제도'에 중점을 둔 심리학을 제시한 심리학자이다.[1] 긍정심리학은 개인의 약점보다는 강점에 초점을 맞추고 모든 개인을 자기 나름의 최선의 상태에 이르게 하는 것을 목표로 한다. 긍정심리학은 일반적으로 쾌락주의와 행복주의라는 두 가지 이론적 관점에서 이해된다. 쾌락주의적 접근법은 주관적 안녕감으로도 알려져 있으며 즐거움 획득, 고통 회피, 삶에 대한 전반적인 만족으로 정의된다. 이러한 심리는 현재 상태와 스스로 지각하는 이상적인 상태 사이에 차이가 미미하거나 없을 때 최대화된다. 행복주의적 접근법은 심리적 안녕감에 중점을 두며, 삶의 의미와 개인이 완전히 기능하는 정도에 따라 정의된다. 연구에 따르면, 개인이 주관적으로 긍정적인 기분을 경험하면 사교성이 높아지고, 건강이 좋아지며, 성공 확률이 높아지고, 자기 통제가 향상되며, 남을 돕는 행동을 하고, 창의성이 증진되고, 확산적 사고가 가능해진다. 또한 행복한 사람은 불편한 일을 더 잘 마무리하고, 체계적이고, 집중을 잘하며, 더 오래 산다. 긍정심리와 안녕감은 인생 전반에 걸쳐 변화하는 요소이다. 그러나 이러한 주제는 패션과 관련되어 연구된 적이 없기 때문에 패션이 안녕감에 미치는 영향에 대해서는 알려진 바가 거의 없다.

풍족한 사회에서 생존은 이제 유일한 최우선 순위가 아니다. 대신 삶의 질을 높이는 일이 점점 중요해지고 있다. 더욱이 사회가 점차 개인주의화되면서 사람들은 자기 자신과 가까운 가족만을 생각한다. 구성원 간에 소속감을 느끼고 내內집단에 충성심을 갖는 집단주의적 사회와는 대조적이다. 더 나은 삶의 질을 추구하는 것과 개인주의가 결합하면서 개인의 행복에 대한 요구는 더 커지게 되었다. 그 결과 심리학자, 교육자, 정부, 일반 대중 사이에서 안녕감에 대한 관심이 높아지고 있다. 심리학에서 안녕감은 긍정심리학의 하위 분야에 속한다. 긍정심리학은 1943년 발간된 학술지 『심리학 리뷰Psychological Review』에서 에이브러햄 매슬로Abraham Maslow가 처음으로 사용한 용어이다. 이 주제에 관심 있는 독자들에게 『인간 동기 이론A Theory of

Human Motivation』[2]을 추천한다.

긍정심리학 운동은 1999년에 파급력이 커졌는데, 당시 미국 심리학회 회장이던 셀리그만이 심리학이 정한 목표의 대부분은 정신적 문제를 겪고 있는 인구의 30%를 돕기만 했는데도 달성되었다고 주장한 것이 계기가 되었다. 그는 심리학자가 정신적 문제를 겪는 인구 대다수를 방치하고 있다고 말했다. 방치된 대다수 중, 잘 지내는 것처럼 보이는 사람은 오직 소수에 불과하고 나머지는 고통 속에 살고 있다. 셀리그만은 모든 사람이 자신의 정신건강을 개선하게 만드는 것이 심리학의 향후 역할이라고 보았다. 셀리그만이 과학적 연구를 통해 얻은 결과에 따르면, 가장 만족감이 높고 긍정적인 사람은 인간애, 절제, 끈기와 같은 자신의 성격적 강점을 정확히 파악하고 십분 활용하는 사람이었다. 셀리그만은 긍정심리학에는 즐거운 삶, 훌륭한 삶, 의미 있는 삶이라는 세 가지 차원이 있다고 주장한다. 이 세 가지 삶은 어떻게 개인주의적 접근법과 이타적 접근법이 결합하여 인간의 번영을 최대화하는지 설명한다.[3]

셀리그만의 2004년 저서 『성격 강점과 덕목의 분류 Character Strengths and Virtues』는 긍정심리적 기질을 규정하고 분류하는데, 그 방식이 『정신질환의 진단 및 통계 편람Diagnostic and Statistical Manual of Mental Disorders』에서 정신 병리를 규정하고 분류하는 방식과 비슷하다. 『성격 강점과 덕목의 분류』는 덕목을 여섯 항목으로 분류한다. 각 덕목은 대부분 문화에서 역사적 근거가 있는 것으로, 잘 개발하면 행복감이 커질 수 있다. 또한 모든 덕목은 성격 강점의 기반이 된다. 여섯 가지 덕목은 다음과 같다.

1. **지혜와 지식** 창의성, 호기심, 열린 마음, 학구열, 통찰, 혁신
2. **용기** 대담성, 끈기, 통합, 활기, 열정
3. **인간애** 사랑, 친절, 사회적 지능
4. **정의** 시민성, 공정성, 리더십
5. **절제** 용서와 자비, 겸손, 사려 깊음, 자기 통제
6. **초월성** 아름다움과 탁월함에 대한 인식, 감사, 희망, 유머, 영성

셀리그만은 우리가 동료애, 자연환경, 우리의 몸이 원하는 요구를 충족시켜주는 것과 같은 기본적인 즐거움을 만

끽하고 인식하면 즐거운 삶을 이룰 수 있다고 말한다. 즐거운 삶에서 훌륭한 삶으로 나아갈 방법은 자기 고유의 덕목과 강점을 발견하여 활용하는 것이다. 마지막 단계인 의미 있는 삶은 타인의 행복을 도모함으로써 자기 고유의 강점을 한 단계 더 발전시키는 삶이다. 이러한 과정에서 우리는 자신보다 더 큰 목적을 위해 고유의 강점을 활용하면서 깊은 충족감을 키우게 된다.

정신건강과 안녕감에 미치는 심리 사회적 영향

심리적 안녕감에 대한 관심이 높아지고 있지만 (혹은 이런 관심 때문인지) 정신건강 문제를 보고하는 사례는 전 세계적으로 증가 추세이다. 사람들은 자신의 정신건강에 대해 전보다 더 잘 인식하고 있으며, 스트레스가 심해져 일상생활에 지장을 줄 정도가 되면 거리낌 없이 자신의 상황을 말할 수 있다. 정신건강재단Mental Health Foundation의 발표에 따르면 전 세계적으로 우울증, 불안감, 약물 남용이 장애를 일으키는 주된 요인이며, 이는 수명과 삶의 질에도 영향을 미친다.[4] 더욱이 영국에서는 4명 중 1명이 매년 정신건강 문제를 겪는다. 가능한 모든 지원을 제공하고 정신건강 문제에 대해 기꺼이 말할 수 있는 분위기를 조성하는 등 온갖 노력을 기울이고 있음에도 불구하고, 세계 보건 기구 The World Health Organization는 선진국의 경우 심각한 정신건강 문제를 지닌 인구의 35~50%, 개발 도상국의 경우에는 76~85%가 적절한 치료를 받고 있지 않으며, 정신질환 이력이 있는 사람 중 최대 80%가 도움을 요청하지 않는다고 발표했다.[5] 2014년 영국에서 실시한 정신건강 및 안녕감 관련 성인 정신질환 사망률 조사에 의하면, 불안감이나 우울증과 같은 질환을 가진 16~74세 성인 중 37%가 정신건강 치료를 받았다.[6] 매주 6명의 성인 중 한 명이 불안감이나 우울증 증상을 겪고 있고, 성인의 20%는 어느 순간 자살을 생각하는 것으로 알려져 있다. 성인 인구의 거의 50%는 자신에게 진단이 필요한 정신건강 문제가 있다고 생각하지만 그중 실제로 진단을 받은 사람은 3분의 1에 지나지 않는다.

정신건강 문제는 전 연령층과 모든 사회·경제 계층 및 인종에 걸쳐 증가하고 있다. 심리적, 문화적, 사회적, 사회·경제적 요인이 정신건강에 영향을 미치는 것은 분명하다. 통계 자료에 의하면 사회복지 지원금을 받는 사람들은 정신건강 문제를 갖고 있을 확률이 높은데, 이것은 이들이 도움을 구하러 나갈 육체적, 경제적 여력이 없기 때문으로 보인다.

16~24세의 여성은 같은 연령대 남성보다 일반적인 정신건강 문제를 겪을 확률이 거의 3배에 달한다. 여성은 남성보다 자해, 조울증, 외상 후 스트레스 장애의 발생 비율이 높다. 그러나 남성은 자신의 정신건강 문제를 외부에 알리려 하지 않기 때문에 이러한 수치가 현실을 정확히 반영한다고 볼 수는 없다.

정신건강 문제를 겪는 이들 중 160만 명이 섭식장애를 앓고 있는 것으로 알려져 있다. 신체 불만족, 완벽주의, 유전, 사춘기, 환경적 요인 같은 다양한 생물학적, 심리적, 신체적 위험 인자가 섭식장애의 위험을 증가시킨다는 증거가 있다. 여대생이 섭식장애를 겪을 확률은 4배나 높았다.[7] 섭식장애를 일으키는 원인은 신체적, 심리적 요인 등 다양하지만, 그중 가장 큰 원인은 날씬함에 집착하는 사회에서 찾을 수 있다. 한 연구에 따르면 텔레비전 시청 시간이 증가할수록, 섭식장애 발병 확률이 높아지며 외모만족도가 낮아지고 외모에 대한 가치 내면화가 일어나며 마른 몸에 대한 욕구가 커진다. 이상적으로 여겨지는 날씬하거나 심지어 마른 몸은 이제 미美, 성공, 건강은 물론 자신의 인생을 통제하는 데 없어서는 안 될 필수 요소로 여겨진다. 이상적이라 생각하는 마른 몸을 내면화하면 신체 만족도가 떨어지고, 그 결과 다이어트와 섭식장애가 나타날 수 있다. 그러나 개인이 이러한 압박에 영향을 받는 정도는 이 압박을 스스로 내면화했는지 여부에 따라 달라진다. 따라서 마른 몸을 만들어야 한다는 압박감을 느끼고 이상화된 마른 몸에 노출된다고 해서 반드시 부정적인 결과로 이어지는 것은 아니다. 마른 이미지에 관심을 두고 내면화하는 정도는 개인적 차원에서 적극적이고 신중하게 조절할 수 있다. 또한 사회·문화적 측면도 고려되어야 한다. 이러한 차원에서 여러 심리학 이론을 적용해 해결책을 세우려는 시도가 이루어지고 있다.

사회 인지 이론에 따르면, 미디어의 영향력이 닿지 않는 사회적 상호 작용과 경험의 맥락 안에서 우리는 다른 사람의 행동을 관찰함으로써 지식을 습득하고 결과에 따라 그 행동을 모방한다. 그러나 사회·문화적 맥락에 의해서도 인지 과정은 형성된다. 따라서 섭식장애는 부모와 친구뿐만 아니라 미디어로부터 받은 압력을 내면화하면서도 생길 수 있다. 사회 비교 이론에서는 스스로를 긍정적으로 생각하는 자기 고양self-enhancement을 위해 우리가 자신을 남과 비교하면서 정확하고 긍정적인 자기 평가를 얻도록 유도되는 방식을 설명한다.[8] 충족 이론에서는 특정 욕구를 충족하기 위해 특정 미디어를 적극적으로 찾아서 이용하는 이유와 방법에 대해 다룬다.[9] 충족 이론은 사람들이 미디어를 선택할 때, 의도적으로 자신의 욕구를 충족시켜 주고 지식과 사회적 상호 관계를 넓혀 주며 휴식이나 기분전환 또는 도피를 제공해 주는 미디어를 택하는지에 대해 설명한다. 사회 인지 이론과 마찬가지로 충족 이론은 자유의지의 역할을 인정한다. 다시 말해, 시청자는 미디어의 수동적인 소비자가 아니며, 자신이 소비할 미디어를 선택하고, 선택한 미디어가 자신의 삶에 어떻게 해석되고 통합되는지에 대한 결정권을 가지고 있다고 주장한다. 대상화 이론에서는 우리가 얼마나 대상화된 물건처럼 취급되는가에 따라, 스스로 지각하는 내 모습과 타인의 시선으로 바라본 내 몸에 대한 지각이 형성된다고 설명한다.[10] 자기 대상화는 스스로를 타인에 의해 평가되는 물건으로 바라볼 때 나타나며, 이는 결국 불안감으로 이어진다. 불안감은 예측된 사건을 매우 두려워하는 불쾌한 감정을 일컫는다.

불안감은 흔히 신체적, 심리적 반응을 동반하며, 과거에 불안감을 일으켰던 상황으로부터 아예 물러서게 만들 수도 있다. 불안감은 짧은 기간 동안 나타나는 상태일 수도 있고 장기간에 걸쳐 나타나는 기질일 수도 있다. 여성은 남성보다 자신의 몸에 대해 불안감을 더 많이 느낀다. 여성이 유아기부터 외모로 평가를 받아왔다는 사실을 감안하면 이는 놀라운 일이 아니다. 외모 불안은 외모에 대한 자기 감시, 자기 점검, 자기 조절로 나타난다. 최근의 많은 패션 스타일은 외모 불안을 낮추는 데 거의 도움이 되지 않는다. 안전 불안은 여성이 자신의 안전과 관련하여 외모에 대해 갖는 걱정을 말한다. 충격적이게도 일부 남성 강간범은 신체적으로 매력적인 여성이 위협적이어서 그에 대한 보복으로 강간을 했다고 주장하며 자신의 행동을 정당화한다. 실제로 연구 결과를 보면, 외모가 덜 매력적인 강간 피해자보다 매력적인 강간 피해자에게 강간 사건에서 더 큰 책임을 물었다.

사람들이 자신의 정신건강 문제에 대해 스스럼없이 말하기 시작하고 주변에 도움을 요청할 수 있는 경로가 많아졌음에도 불구하고, 정신건강 문제를 공개했을 때 따라오는 낙인은 여전히 남아있다. 자신이 부족한 사람으로 여겨지는 것에 대한 수치심이나 두려움 또는 근심 같은 복잡하고 많은 이유로 도움을 청하지 않는 사람도 있다. 그 밖에도 이상 증상을 인식하지 못해 도움을 청할 생각을 못 하기도 한다. 일반적으로 정신건강 이상은 절망감을 동반하기 때문에 아무도 자신을 도울 수 없다고 생각하고 오히려 도움이 왜 필요하냐고 반문하는 사람도 있다. 만약 주변에 이 책에서 다룬 문제로 고통받는 사람이 있다면 도움을 받을 수 있도록 용기를 주기 바란다. 영국 심리학회[11]를 비롯한 정신건강 관련 기관은 자신의 상태를 주변에 알리는 것과 고통받는 이의 이야기를 경청해 주는 일의 중요성을 강조한다.

심리학을 패션에 응용하는 목적 가운데 하나는 정신건강 문제가 우리 주변에 존재한다는 사실을 환기하고 이를 해결하기 위해 협력적 개입을 동원하기 위해서다. 패션은 업계 종사자뿐만 아니라 소비자의 정신건강까지 개선할 힘을 가지고 있다. 많은 사람들이 정신건강과 안녕감의 중요성에 대한 인식을 높이고 관련 교육을 시행해야 한다고 주장해 왔다. 이러한 노력의 결과로, 심리학자들이 패션 산업과 관련된 인간의 행동을 탐구하기 시작했다.

패션 산업 종사자의 정신건강

창의성과 정신건강 문제 사이의 연관성은 자주 제기되지만, 이 둘의 관계를 조사한 2008년 연구에서는 상관관계를 찾지 못했다.[12] 이 연구는 패션을 제외한 다양한 분야의 예술가 100명을 표본으로 창작 과정과 정신 병리학적 성격 특성 간의 관계를 조사했다. 연구 결과, 예술가들은 깊은 몰두, 현재 경험에 집중, 즐거운 감정 항목에서 평균보다 높은 점수를 받았고, 개방적이고 사람을 지나치게 믿고 타인과 쉽게 친밀해진다는 특징을 보였다. 이들은 성격 특성 중 경험에 대한 개방성과 신경성 항목에서 높은 점수를 받았다. 경험에 대한 개방성은 왕성한 상상력, 미적 감성, 감정에 대한 배려, 다양성에 대한 욕구, 실험에 대한 적극적 의지, 지적 호기심의 여섯 가지 관점을 포함하고, 창조성, 지능, 지식, 몰두와 정적 상관관계에 있다. 창의적인 사람들이 창작 활동을 하는 동안 심리적 '몰입' 상태에 빠지는 이유가 여기에 있다. 더욱이 개방성이 높은 사람은 새로운 경험을 하려는 욕구가 높고 자기반성을 보이는 경향이 있다. 흥미롭게도 개방성에서 높은 점수를 받았다고 해서 정신장애 증상과 관련이 있지는 않다. 그러나 신경성 항목에서 점수가 높은 사람은 대개 자의식이 강하고 수줍음이 많으며, 스트레스 요인에 적절히 대응하지 못하기 때문에 불안감, 질투심, 분노, 죄책감, 우울한 기분을 느끼기 쉽다. 재미있는 사실은 창의적인 유형이 신경성과 경험에 대한 개방성이 높으므로, 이 두 가지 성격 특성이 모두 높은 사람은 어쩌면 창의적인 사람일 수도 있다는 점이다. 이 연구가 창의적인 패션계 종사자를 대상으로 한 것은 아니지만, 패션계가 창의적인 유형의 사람을 끌어들이는 것은 분명하다. 이 연구가 창의성과 정신건강 문제의 전반적인 연관성에 대한 근거를 제시하지는 못했지만, 일반적으로 창의적인 일을 하는 사람은 정신건강 관련 문제를 겪을 확률이 25% 높다고 한다.

패션 및 패션을 비롯한 창의적인 산업과 정신건강과의 관계는 복잡하다. 창의적인 산업이 실제로 정신건강 문제에 책임이 있는지, 혹은 정신건강 문제를 이미 가지고 있는 사람들이 창의적인 산업에 이끌려 오는지는 알 수 없다. 패션 산업은 근로자의 안위를 걱정하는 긍정적인 모습을 보인 적이 없다. 많은 패션업계 근로자들이 업계 특유의 압박에 시달리고 있다. 그래서 정신건강 문제를 키우기 쉬운 상황에 놓이거나 이미 가지고 있는 문제를 악화시키기도 한다. 연구 결과와 현실 사이에 괴리가 나타나는 이유는 다양하다. 창의성과 기분장애에 대한 정의가 부적절하고, 이야기 중심이나 자서전 혹은 전기 형태의 자료에만 의존하며, 통제집단이 없기 때문이다. 더구나 지금까지 연구된 창의성 유형은 그 범위가 좁고, 보통 디자이너보다는 음악가나 예술가에게만 초점이 맞춰져 왔다. 창의성과 정신건강의 상관관계에 대한 확실한 결론이 없는 상황에서도 패션계 전반에 걸쳐 근로자의 정신건강 문제 사례는 많이 보고되고 있다. 패션 산업과 관련된 직업에는 디자이너부터 기계 기술자, 바이어, 모델까지 다양하다. 이 책에서 모든 직업을 다룰 수는 없으므로 주목을 많이 받는 디자이너와 모델을 중심으로 이들의 정신건강에 대해 살펴보겠다.

창의적인 유형이 두 가지 성격 특성에서 점수가 높다고는 하지만, 패션 디자이너에 해당하는 단 하나의 성격 특성은 없다. 어떤 디자이너는 조용하고 겸손한 반면, 외향적이고 대담한 디자이너도 있다. 피비 필로Phoebe Philo, 크리스토퍼 베일리Christopher Bailey, 드리스 반 노튼Dries Van Noten 같은 디자이너와 존 갈리아노나 장 폴 고티에Jean Paul Gaultier 같은 디자이너를 비교해 보면 쉽게 알 수 있다. 패션은 말 그대로 변화에 관한 것이다. 한 번 유행한 것은 더 이상 새로운 패션이 아니다. 패션은 참신함과 끊임없는 재창조를 강조한다. 디자이너는 해마다 더 많은 컬렉션을 내놓아야 한다. 컬렉션 사이에 한숨을 돌릴 여유도, 지난 시즌을 되돌아보고 기력을 회복할 시간도 거의 없다. 업계의 요구를 충족하려면 근로자는 휴식 시간도 없이 매우 긴 시간 동안 일을 해야 한다. 이는 스트레스가 많고 고단한 근무 환경을 만들고, 이러한 환경은 결국 근로자의 정신건강에 영향을 미친다. 패션 산업이 빠른 작업, 긴 노동 시간, 치열한 경쟁, 높은 기준을 요구한다는 것은 다른 직군보다 패션계 근로자의 정신건강이 더 큰 위협을 받고 있음을 의미한다.

창의성과 정신건강 간의 상관관계를 입증하는 결정적인 증거는 없지만, 창의적인 사람 중에 정신건강 문제를 보이는 사람의 수가 점차 늘어가면서 둘 사이의 연관성이 드러나고 있다. 애석하게도 많은 유명 패션 전문가가 정신건강 문제를 지니고 있으며, 이 중 일부는 스스로 목숨을 끊기도 했다. 영국 디자이너 알렉산더 맥퀸은 2010년 마흔 살의 나이에 목숨을 끊었다. 맥퀸은 1996년부터 2001년까지 지방시의 수석 디자이너로 일했으며, 그 후에 자신의 이름을 내건 브랜드를 만들었다. 그는 올해의 영국 디자이너British Designer of the Year로 네 차례(1996, 1997, 2001, 2003년)나 선정된 바 있으며 2003년에는 미국 패션 디자이너 협회Council of Fashion Designers of America로부터 올해의 국제 디자이너상을 수상했다. 맥퀸의 업무량이 그의 정신 상태에 직접적인 영향을 미쳤다고도 여겨진다. 맥퀸이 때 이른 죽음을 맞기 3년 전에 그의 친구이자 멘토인 이자벨라 블로우가 스스로 목숨을 끊은 사건도 있었다. 안타깝게도 유명 패션 전문가가 정신건강 악화로 끔찍한 결말을 맞은 것은 이 사건만이 아니다.

이브 생로랑의 약물 남용이나 갈리아노가 정신 쇠약에

걸린 것은 여러 기록을 통해 알려진 사실이다. 그러나 갈리아노가 고통스러워하던 바로 그때 디올Dior은 중독자라는 뜻의 새로운 향수 '어딕트'를 출시했다. 이는 정신건강 문제를 미화하는 행동일 뿐만 아니라, 정신건강 문제로 야기되는 직업적, 심리적 면에서의 심각한 결과에 대해 일말의 고민도 해 본 적 없는 패션업계의 현실을 보여준다. 마크 제이콥스는 패션업계 전문가들과 어울리며 술과 파티에 빠져 헤어나지 못하자 결국엔 중독 치료가 필요했다고 털어놓았다. 알버 엘바즈는 14년 간 몸담았던 랑방을 떠나면서, 가차 없이 빠른 속도로 흘러가는 패션 산업이 창의성을 짓밟고 있으며 디자이너가 뒤처지지 않기 위해 다른 방법에 손을 뻗도록 내몰고 있다고 말했다. 패션계의 점차 빨라지는 속도로 인해 피해가 커지자 디자이너와 표준 체중 이하의 모델들이 목소리를 높이기 시작했다.

패션 디자이너의 정신건강을 쇠약하게 하는 또 다른 요인은 상대적으로 무명의 삶을 살다가 갑자기 수십억 달러 규모의 사업을 책임지는 자리에 오르는 경우이다. 이러면 심리적 문제가 있더라도 디자이너 자신은 인지하지 못할 수도 있고, 인지하더라도 도움을 구하고 찾는 일은 이들에게 실행에 옮길 수 있는 선택지가 아니다. 이런 압박이 실존한다는 증거는 찾기 힘들지만, 벨리스 등Bellis et al.이 1,000명 이상의 팝스타를 표본으로 인기가 사라진 후의 사망률을 조사한 연구가 있다. 그 결과에서 보듯이, 대중음악 산업의 특징은 패션 산업과 마찬가지로 많은 유명인들의 죽음과 고위험 행동에 대한 몰두로 요약되는 경우가 많다.[13] 연구자들은 또한 유명세를 탄지 얼마 되지 않은 음악가를 도와줄 지원 체계가 거의 마련되어 있지 않다고 주장했다. 인기가 사라지고 난 후 3년에서 25년 사이가 가장 위험한 시기인데, 이 시기를 잘 버티면 조기 사망률은 감소한다.

패션 산업 내의 정신건강이나 조기 사망에 대한 연구 문헌이 없다는 점을 고려한다면 유명해진지 얼마 되지 않은 패션 전문가에 대한 심리적 지원이 필요하다는 인식 자체가 없다고 생각해도 무방할 것이다. 패션계에서 가장 저명하고 존경받는 칼 라거펠트Karl Lagerfeld는 패션업계를 투우에 비교하며 뛰지 못하는 사람은 투우장에 들어와서는 안 된다고 말했다. 미국인 디자이너 릭 오웬스Rick Owens도 냉정하긴 마찬가지이다. 그에게 바쁜 것은 곧 행복이다. 짧은 기간이라면 이러한 생각에 동의하는 사람이 있을지도 모르지만, 오랜 기간 동안 시간과 정신적 자원을 고강도로 끊임없이 요구하면 버틸 수 있는 사람은 아무도 없다. 무언가를 '희생'해야 한다면, 가장 먼저 희생되는 자원은 대개 개인의 정신건강이다.

패션 산업이 추구하는 비현실적으로 이상적인 신체적 완벽함은 우리의 정신 및 신체 건강과 어긋난다. 비현실적으로 이상적인 몸을 추구하다 보면 패션 산업 종사자는 물론 소비자도 큰 압박을 느낄 수 있다. 그 결과 모델은 직업 특성상 따라오는 화려한 생활에도 불구하고 정신은 고되고 피폐해진다. 패션계에서 모델로 일하는 것과 신체적 '완벽함'에 필요한 요건을 연결 지어 생각해 보면, 이들에게 정신건강 문제와 탈진이 일어나는 이유를 쉽게 이해할 수 있다. 모델이 되기를 간절히 원하는 아직은 여린 소년과 소녀들은 종종 불쾌하고 불편한 일이더라도 동의할 수밖에 없는 상황에 부닥치기도 한다. 이들은 경험도, 자신감도, 거절할 용기도 없기 때문에 동의하고 만다. 그 결과 수치심과 죄책감이 남게 되고 후에 정신건강 문제를 일으킬 수 있다.

로지 넬슨Rosie Nelson은 자신이 겪은 가혹한 경험을 공개적으로 밝힌 모델이다. 넬슨은 모델 에이전시로부터 체중을 줄이라는 말을 듣고 살을 뺐다. 살을 빼고 에이전시로 다시 찾아갔을 때 그녀는 "뼛속까지 살을 빼라"는 말을 들었다. 이 말을 들은 넬슨은 청원을 시작했고, 영국 모델 113,000명 이상의 서명을 받아 모델 산업이 직면한 문제에 영국 의회가 관심을 두게 했다. 이후 넬슨은 모델의 건강 관리 증진을 촉구하는 사회 운동가로 활동하고 있다. 패션 평론가이자 대영제국 훈장구성원MBE인 카린 프랭클린Caryn Franklin 교수에 따르면, 이제 모델은 아주 날씬해야 하는 것 말고도 과거보다 키가 커야 한다는 요구 사항을 듣는다고 한다. 그러나 모델이 입어야 하는 옷은 예전과 똑같은 아주 작은 치수의 옷이다. 따라서 표준인 양 통용되는 이상적인 모습에 도달하기 위해 체중을 더 줄여야 하는 모델은 과거보다 더 큰 압박을 받고 있다.

영국 패션협회British Fashion Council는 2007년 모델 건강 연구Model Health Inquiry 보고서를 발표했고, 이듬해인 2008년에 모델 에린 오코너Erin O'Connor는 패션 모델의 정신건강과 안녕감을 지원하기 위한 획기적인 계획의 일환으로 모델 안식처Model Sanctuary를 설립했다.[14] 안타깝게도 모델 안식처는 2012년 강제 폐쇄되었지만 영국 패션협회에 의해 모델 구역Model Zone이라는 이름으로 재탄생했다. 모델 구역은 런던 패션 위크 기간 동안 선발과정, 패션쇼, 프레젠테이션 사이에 모델이 휴식을 취하고 음식을 먹으며 진료를 받을 수 있는 모델을 위한 전용 공간이라고 영국 패션협회는 설명한다.

수년간 사회 운동가들을 무시하면서 비판을 들어 온 패션업계가 마침내 너무 어리거나 마른 모델을 기용하지 않겠다는 조치를 내린 것은 다행한 일이다. 알렉산더 맥퀸, 발렌시아가Balenciaga, 셀린느, 크리스토퍼 케인Christopher Kane, 디올, 루이뷔통, 스텔라 매카트니를 거느린 거대 패션 기업 케링Kering과 LVMH는 모델의 근로 조건을 개선하기 위한 헌장에 서명했다. 2017년 9월부터 미국 사이즈 2(영국 사이즈 6) 이상을 입는 모델만 기용될 수 있다. 16세 미만의 모델은 사진 촬영이나 패션쇼 무대에 설 수 없고, 16세에서 18세 사이의 모델은 밤 10시부터 다음 날 아침 6시까지 일하는 것이 금지되며, 일할 때 반드시 부모나 보호자와 동행해야 한다.

모델에 관해서라면 한 가지 길이 모두에게 정답은 아니

다. 어떤 모델은 압박을 받는 환경에서 성공하기도 하고, 또 어떤 모델은 다른 관련 업계에서 훨씬 큰 성공을 거두기도 한다. 예컨대 카라 델레바인Cara Delavigne은 연기자로 변신했다. 디자이너로 전향해 자신의 패션 브랜드를 만든 모델도 있다. 그렇다고 해서 모델의 정신건강 문제가 줄어드는 것은 아니다. 패션업계의 순간적인 요소들이 한데 섞여 만들어진 덧없는 명성은 압박감을 가중하기만 한다.

맺으며

궁정심리학은 모든 사람의 안녕감을 향상시키는 데 목표를 둔 접근법이다. 인문주의와 불교 철학을 바탕으로 한 긍정심리학은 인생 전반에 대한 만족감을 높이는 강력한 도구로 여겨지고 있다. 긍정심리학의 요소인 심리적 안녕감은 쾌락주의와 행복주의로 이루어진다. 안녕감에 대한 관심은 지난 10년 동안 증가했고, 이를 계기로 사람들은 자신의 정신건강에 대해 스스럼없이 알리고 도움을 요청하게 되었다. 이러한 상황에도 불구하고 혹은 이런 관심 때문인지 패션 산업뿐만 아니라 전 인구에 걸쳐 정신건강 문제의 발생 건수가 늘고 있다. 이 장에서는 유명 패션 디자이너와 모델의 정신건강에 대해 공개된 자료를 바탕으로 논의해 보았다. 패션을 비롯한 창의적인 분야의 유명한 전문가가 자신의 정신건강 문제를 공개적으로 밝히는 것은 그의 '팬'에게 긍정적인 역할 모델이 된다. 같은 문제를 가진 팬도 용기를 얻어 자신의 상태를 당당히 밝힐 수도 있기 때문이다. 그동안 패션 산업은 근로자의 정신건강과 안녕감을 관리하는 데 미온적인 태도를 보여 왔지만 이제는 개선의 조짐이 나타나고 있다. 새로움과 변화에 의해 좌우되는 업계가 이러한 노력을 보이기는 쉽지 않은 일이다. 안녕감에 대한 패션업계의 관심은 이제 근로자를 넘어 소비자에까지 미치고 있다. 다음 장에서는 패션이 외모와 관련된 소비자의 안녕감에 미치는 영향에 대해 논의할 것이다.

03

신체상과 아름다움

패션 산업의 많은 요소가 소비자에게 영향을 준다. 소비자는 화장품을 비롯한 패션 아이템을 선택하고 구매할 때 온라인과 전통 매체를 이용해 영감과 정보를 얻는 데 점점 더 많은 시간을 할애한다. 이러한 활동은 정보를 바탕으로 결정을 내리기 위한 것이지만, 그 과정에서 의도치 않게 많은 패션 이미지에 노출되면서 외모에 대한 관심이 높아질 수 있다.

신체상

인간의 몸이 지닌 아름다움은 인간 사회에서 늘 중요하게 여겨졌지만, 아름다움의 기준은 역사와 문화에 따라 변해왔다. 사람들은 자신이 사는 시대와 문화 속에서 이상적이라고 여겨지는 모습에 가까워지고 싶어 하기 때문에 한 시대에 유행하는 몸은 시대정신에서 탄생한다.

오스트리아의 정신과 의사이자 지그문트 프로이트Sigmund Freud의 제자인 폴 쉴더Paul Schilder는 1935년에 신체상을 '자신의 몸이 지닌 미적 혹은 성적 매력에 대한 지각'이라고 처음으로 정의했다.[1] 보다 최근의 정의를 살펴보면, 인간의 신체상은 개인적 경험, 성격, 다양한 사회·문화적 힘의 산물이며 인지 요소와 감정 요소로 구성된다. 인지 요소는 몸의 외적 모습에 대한 지각과 관련된 것이고, 감정 요소는 이러한 지각에 대한 반응을 말한다. 우리가 신체 사이즈와 체형에 지나치게 집착하거나 우리의 몸이 사회의 기준과 맞지 않고 다른 사람의 몸에 비해 열등하며 미디어에서 내보내는 '이상적인 모습'과 다르다고 지각할 때, 우리의 신체상은 왜곡된다.

우리는 패션을 통해 몸의 특정 부분을 강조하거나 가릴 수 있고 특정 사회집단이나 민족집단에 소속될 수 있다. 그러나 옷을 통해 자신을 온전히 표현하고자 하는 자유 의지는 체중과 체형, 피부결과 피부색에 대한 만족도 같은 우리가 자신의 몸에 대해 지닌 태도에 어느 정도 영향을 받는다. 여기에 사회·문화적 영향까지 고려하면 우리가 자신의 몸에 대해 느끼는 감정은 문화적 이데올로기와 사회적 관계와 개인의 활동을 나타내는 지표로 여겨질 수 있다. 이러한 의미에서 몸은 보다 광범위한 문화적, 역사적 맥락 안에서 사회적 존재로서의 개인을 나타낸다.

그로건Grogan은 패션과 화장품 산업에서 그래픽으로 조작한 저체중의 모델과 여배우 이미지를 지속적으로 사용해 평균 여성보다 훨씬 마른 여성을 보여줌으로써 이상화된 마른 몸의 이미지를 강화하고 표준인 양 만드는 과정을 설명했다.[2] 여성 4만 명 중 한 명만이 사이즈와 체형 면에서 모델의 조건을 충족한다고 페미니스트인 나오미 울프Naomi Wolf는 말한다. 1991년에 울프는 이렇게 이상화된 여성의 몸은 '비현실적이며 가질 수 없는 환상'이라고 지적하며, 이 환상을 얻으려고 애쓰다 보면 결국 수치심, 몸에 대한 만족감 저하, 자존감 저하를 일으키는 것은 물론 평생 다이어트와 운동만 하는 삶을 살게 될 수도 있다고 말했다.[3]

울프가 논문을 발표한 이후에 큰 기술 발전이 있었고, 그로 인해 패션 이미지에 노출되는 빈도는 훨씬 더 증가했으며 소셜미디어가 발달한 후로는 그 정도가 더욱 심해졌다. 곳곳에 널린 패션 이미지 때문에 비현실적인 이상적 이미지가 표준인 것처럼 둔갑했고, 우리는 이러한 이미지를 우리의 가치를 측정하고 평가하고 판단하는 기준으로 삼고 스스로와 비교한다. 울프의 주장을 뒷받침하는 증거가 있다. 한 연구에 따르면, 지나치게 마른 여자 모델의 이미지에 영향을 가장 많이 받는 집단은 보통 어린 소녀와 젊은 여성으로 여겨지지만, 패션 이미지에 노출되면 전 연령대의 남성과 여성 모두 심리적으로 부정적 영향을 받는다고 한다.

다른 사람과의 비교로 인해 자신의 몸에 대한 불만족이 생기기도 하지만, 문화적 미의 기준과 성 고정관념에 사회화되는 것도 신체상에 부정적인 영향을 미친다. 페미니스트 운동이 성공하고 어떤 면에서는 양성 평등이 이루어졌지만, 전통적인 성 역할에서는 여전히 여성성과 아름다움을, 남성성과 힘을 연결한다. 성 사회화는 여성의 신체적 매력이 여성의 사회적 가치를 판단하는 척도라 강조하고, 지속적인 문화적 감시를 통해 사회적 대상화를 고착한다. 더구나 의존성과 수동성처럼 정형화된 여성적 특성은 자존감이 낮고 다른 사람의 인정을 원하는 성향으로 이어진다. 이러한 모습은 '이상적인' 몸을 추구하는 과정에서 나타날 수 있는데, 여성은 물론 점차 남성도 신체적 외모에 대한 자기 비판적인 성향을 키우다 결국엔 부정적인 신체 존중감으로 이어진다.

부정적 신체상은 아주 어릴 적부터 만들어질 수 있다. 아이들은 친구, 가족, 또래로부터 받은 피드백을 통해 자신의 신체적 매력, 건강, 사회적 수용에 대한 지각을 정립한다. 네 살밖에 되지 않은 아이도 통통한 몸보다는 날씬한 몸을 선호하고, 여섯 살 아이는 과체중의 친구보다 '정상' 체중의 친구를 더 좋아한다. 흥미로운 점은 이렇게 어린 나이에도 남자아이들이 과체중인 아이에 대해 더 수용적이라는 사실이다. 이러한 현상이 나타나는 이유는 아이의 외모와 식습관에 대한 부모의 지적과 영향 때문일 수 있는데, 날씬해져야 한다는 압력을 남자아이보다는 여자아이에게 더 많이 준 탓이다. 더욱이 과체중인 사람에 대한 편견은 아이들이 보는 만화, 책, 비디오 게임 같은 미디어를 통해 고착된다. 이러한 미디어에서 과체중인 사람은 매력적이지 않고 영리하지 못하며 반사회적인 사람으로 그려진다. 게다가 장난감은 비현실적인 몸을 이상화하고 성별을 구분하도록 부추긴다. 심리학자들은 5세에서 8세 사이의 여자아이들이 바비 인형 이미지에 노출된 후 신체 존중감이 낮아지고 신체 사이즈에 불만족을 드러냈다는 사실을 알아냈다. 청소년기 여자아이는 같은 시기의 남자아이보다 미디어의 영향을 더 많이 받고 외모를 사회적으로 비교하는 데 더 적극적인 것으로 알려져 있다. 그러나 최근의 연구 결과를 보면, 남성도 점차 이상적인 몸을 의식하고 여성처럼 체형을 바꾸기 위해 보충제나 식이요법에 의지하는 것으로 나타났다. 차이점이라면 여성은 지방을 줄여 더 날씬해지기를 원하고 남성은 지방을 빼서 근육이 더 두드러져 보이길 원한다는 것이다.

영국 아동 협회Children's Society UK의 2017년 보고서에 따르면, 아이들은 가족과의 관계에서 행복감을 가장 많이 느꼈고 학교와 외모 관련해서는 행복감을 가장 적게 느꼈다.[4] 늘 그렇듯, 여자아이보다 남자아이가 자신의 외모에 대해 느끼는 만족감이 더 컸지만 바로 이전의 보고서 이후로 성별 차이는 줄어들고 있다. 아동의 경우, 남아보다 여아가 전반적으로 인생에 대한 만족감이 컸지만, 10~15세 사이의 여학생은 인생에 대한 전반적인 만족감의 평균치가 큰 폭으로 감소했다. 이에 비해 남학생의 만족감은 변하지 않았다. 이것은 외모로 괴롭힘을 당하거나 사춘기의 생리적·심리적 변화가 시작되면서 외모에 대한 관심이 커져서 나타난 결과일 수 있다. 게다가 친구와 또래로부터 받는 평가는 자아 개념과 신체상의 발달에 영향을 미친다. 신체 변화와 그에 대한 평가는 이 또래 여학생이 감당하기 쉽지 않은 일이며, 특히 이상적인 마른 몸을 좇느라 애쓰는 경우라면 더욱 그럴 것이다. 신체상에 대한 연구의 대부분은 청소년기 여학생과 성인 여성을 표본으로 시행되었지만, 점차 남성들도 신체상과 관련된 문제를 겪거나 이러한 문제를 보고하는 사례가 늘고 있다. 남성의 신체상에 대한 연구는 많지 않지만, 남성의 몸을 표현하는 방식이 문화적으로 변하고 있고 그로 인해 남성은 자신의 몸에 점차 불만을 느낀다는 연구 결과가 있다.

많은 연구에서 밝혀졌듯이, 신체상에 대한 관심과 섭식장애 비율은 청소년 초기에 급속도로 증가한다. 청소년 초기 여성의 45% 이상이 신체 불만족을 토로한다. 신체 변화와 사춘기가 맞물리면, 여자 청소년은 패션 미디어가 이상화하는 극도로 마르고 중성적인 몸에서 멀어진다. 이와는 반대로 남자 청소년은 사춘기를 거치면서 몸이 건장해짐에 따라 사회에서 이상적으로 여기는 몸에 가까워진다. 그런데도 청소년 초기 남성의 거의 4분의 1이 자신의 몸에 만족하지 않는다고 말한다.

남성과 여성 모두 대학을 다니는 동안 신체적 외모와 관련된 압력을 점차 많이 경험한다. 이로 인해 이들의 심리적 건강과, 결국에는 평소의 행동까지도 큰 타격을 입는다. 몇몇 상관 연구를 살펴보면, 여대생의 경우 또래와의 사회적 비교와 섭식장애 사이에는 강한 연관성이 있다. 더구나 젊은 여대생은 자신을 또래와 비교하는 것만큼이나 미디어에서 보여주는 이상화된 마른 몸과도 자주 비교한다. 또한 섭식장애 증상을 가진 여대생에게서 사회적 비교의 경향이 강하게 나타난다. 이러한 여성은 다른 여성의 몸이 찍힌 사진을 보여줬을 때 자신의 몸에 대해 더 부정적인 평가를 한다. 신체적 매력이 자아 개념에 미치는 영향이 남성보다 여성에게 더 크기 때문이다. 그렇지만 근육질의 '이상적인' 남자 몸을 따르라는 대중 매체의 압력으로 인해 성인 남성과 남자 청소년도 신체 만족감, 신체 자존감, 자존감 저하를 겪는다. 지난 수십 년에 걸쳐 외모에 대한 남성의 관심이 증가하면서 점차 근육질의 몸이 이상적인 남성의 몸으로 여겨지고 있다. 이는 남성의 신체상에 대한 만족도를 떨어뜨리는 요인 중 하나이다.

YMCA와 성공 재단Succeed Foundation이 의뢰하고, 웨스트 오브 잉글랜드 대학University of the West of England의 필리파 디드릭스Phillipa Diedrichs 박사가 시행한 연구에 따르면, 남성의 80%와 여성의 75%가 스스로 지각하는 신체의 결함과 불완전함에 대해 불안감을 느낀다고 한다. 이러한 불안감으로 인해 일부 남성은 체중을 줄이거나 더 탄탄한 체격을 만들기 위해 강박적인 운동과 철저한 식이요법을 감행하고 이상 식이 행동까지 보였다. 조사 대상인 남성 중 거의 4분의 1이 자신의 외모 때문에 체육관에 가는 것을 포기했다고 말했다. 응답자는 미디어와 셀러브리티가 비현실적인 완벽한 신체를 이상화하고 강화하고 있다고 비난했다.

최근 연구 결과에 따르면, 미국인 남성은 여성만큼이나 자신의 몸에 만족하지 못할 가능성이 컸고,[5] 자신의 체형에 불만을 가진 남자 청소년은 또래 여학생보다 자기 비판적이고 스트레스를 받을 확률이 높았으며,[6] 근육질의 캐릭터가 나오는 비디오 게임을 한 남성은 자신의 몸을 더 부정적으로 생각했다.[7]

누구나 살다 보면 짧은 기간이라도 자신의 외모에 만족하지 못할 때가 있다. 그러나 이형장애를 가진 사람은 이런 생각을 떨쳐낼 수 없다. 다른 사람이 이들의 외모에 대해 안심시키는 말을 해도 외모에 대한 생각에 과도한 스트레스를 받고 일상생활에도 지장을 받는다. 신체 이형장애는 정신건강 문제이다. 이형장애는 자신의 생김새에 대해 왜곡된 생각과 강박적 집착을 하게 하는 일종의 불안장애이다. 또한 자신의 외모 일부에 심각한 결함이 있고 그것을 감추거나 고치기 위해 마땅히 특별한 조치를 취해야 한다는 생각이 이들의 머릿속에 늘 존재하고 불쑥 엄습하기도 한다. 체중과 체형에 대한 집착은 여자 청소년에게 심리적 고통과 섭식장애를 유발하고, 남자 청소년에게는 식이제한과 폭식으로 나타난다. 여성과 남성은 인생 전반에 걸쳐 자신의 신체상을 관리하는 데 다른 전략을 취한다. 외모에 관해 여성은 자신보다 우월한 사람과 자신을 비교하는 상향 사회비교를 통해 다른 여성의 외모가 더 매력적이라고 생각하는 데 반해, 남성은 자신보다 못한 처지에 있는 사람과 비교하는 하향 사회비교를 통해 자존감을 강화한다.

신체 이형장애는 보통 청소년기에 처음 나타나지만 진단을 받지 않은 채 지나가는 경우가 많다. 진단을 내리기 어렵기 때문에 남성과 여성의 2.4%만이 이 장애를 갖고 있다고 알려져 있다. 그러나 신체 이형장애는 학교와 직장과 사회관계에서 삶의 질을 떨어뜨리고 섭식장애, 자해, 자살 기도의 위험을 높일 뿐만 아니라 성형수술에 대한 관심을 높이기도 한다. 물론 몸에 대해 만족하지 않는다고 해서 모두 정신건강 문제로 분류되는 것은 아니지만, 신체 불만족이 성과 나이를 불문하고 전반적으로 증가하는 것은 걱정스러운 일이다. 신체 불만족으로 인해 섭식장애, 우울 증상, 낮은 자존감, 체중 증가, 신체 활동 저하가 나타나거나, 역으로 과도한 운동과 성형수술로 이어질 수도 있기 때문이다.

아름다움과 성형수술

미美와 신체적 매력은 사회적, 문화적으로 그 역할이 결정되고 패션계와 사회에서 높이 평가받는다. 현재 유행하는 이상적인 아름다움을 따르지 않는 여성은 소외감을 느낄 수 있다. 사람은 잠재의식 속에서 신체적으로 매력적인 사람이 그렇지 않은 사람보다 긍정적인 자질을 많이 가졌다고 여긴다. 예를 들어 외모가 매력적인 사람은 그렇지 않은 사람보다 마음이 따뜻하고, 강하고, 침착하고, 사교적이고, 우월하고, 성적으로 온화하고, 정신이 건강하고, 지적이고, 사회적으로 능숙하다고 생각된다. 외모가 매력적인 사람에 대한 이러한 편견은 어린 시절에 형성되고 성인이 되어서도 지속된다. 결과적으로 외모가 출중한 성인은 매력과 관계된 자질이 실제로 있는지 입증하지 않아도 사회에서 더 편하게 살아간다. 한 가지 문제점은 현실 세계에서는 상당히 매력적인 사람이 드물지만 패션계, 대중 매체, 연예계에는 이러한 사람이 지나치게 많은 데다가 더 바람직하고 믿을만하고 영감을 주는 사람으로 묘사된다는 사실이다. 이러한 왜곡된 사실은 패션 이미지를 통해 패션과 아름다움이 정하는 가치, 표준, 이상적인 모습을 강화하기 때문에 '아름다운 것이 좋은 것'이라는 생각을 고착화한다. '아름다운 것이 좋은 것'이라는 생각과 표준화된 이상적인 완벽함이 결합한 결과, 사람들은 성형수술 등으로 자신의 외모를 극적으로 바꿀 방법을 찾게 된다.

점차 많은 수의 젊은 여성과 남성이 성형수술을 선택하고 있지만, 수술로 인한 심리적 영향에 대해 알려진 바는 많지 않다. 최근까지도 법적 요건을 갖추지 않고 의료 행위를 하는 무자격자에게 수술을 받는 경우가 많았기 때문이다. 대학생 322명을 대상으로 실시한 조사에 따르면, 신체 긍정도, 미디어의 영향, 미디어 메시지의 내면화, 성형시술과 체중에 대한 매스컴 보도가 여대생이 성형수술을 고려하는 데 영향을 미치는 가장 중요한 예측 변수인 것으로 나타났다.[8] 성형수술을 한 사람에 대한 심리적, 심리 사회적 결과에 관한 37개의 관련 연구를 보면, 수술을 받은 환자들은 대체로 결과에 만족했지만 환자 중 일부, 그중에서도 젊은 남성과 신체 이형장애를 지닌 환자들은 결과에 만족하지 못했다.[9] 이러한 결과의 원인은 비현실적인 기대, 과거 불만족스러웠던 성형수술 경험, 수술 전의 미미한 결점, 관계 문제에서 기인한 수술 동기, 심리적 문제를 겪은 이력 등에서 찾을 수 있다.

성형수술의 민간 부문은 대부분 규제 범위 밖에 놓여 있고 많은 수술이 자격 미달의 의사에 의해 무방비 상태의 개인에게 자행되고 있다. 이러한 일들이 미치는 영향에 대해서는 아직 완전히 알려지지 않았지만, 신체상에 대한 관심, 이상화된 마른 몸의 내면화, 성형수술에 대한 관심 증가를 연결 지어 생각해 본다면 무자격 의사에 의한 성형수술은 심각한 우려를 낳는다. 미국미용성형외과학회American Society for Aesthetic Plastic Surgery의 2016년 보고서에 따르면, 수술과 비수술적 시술에 쓰인 총비용은 1997년에 약 150만 달러에서 2016년에 약 1,360만 달러로 증가했다. 2016년 총 지출 비용의 56%가 수술적 시술에 사용되었는데, 이는 2015년에 비해 3.5% 증가한 것이다. 수술적 시술 중 가장 크게 증가한 수술에는 가슴 지방 이식 수술(41% 증가, 25,000건 이상 시행), 소음순 수술(23% 증가), 힙업 수술(21% 증가), 얼굴 지방 이식 수술(17% 증가), 유방 보형물 제거 수술(13% 증가)이 있다. 비수술적 시술에는 IPL 레이저(36% 증가, 650,000건 이상 시행), 피부에 수분을 공급하는 히알루

론산 주입(16% 증가), 레이저 문신 제거(13% 증가), 비수술적 피부 탄력 증가술(12% 증가), 피부 주름을 개선하거나 없애는 보톡스 주입(8% 증가)이 있다.[10]

2016년에 여성이 가장 많이 받은 수술적 시술 다섯 가지는 지방 흡입술(369,323건), 가슴 확대술(310,444건), 복부 성형술(173,536건), 유방 거상술(161,412건), 눈꺼풀 수술(145,858건)이며, 남성은 지방 흡입술(45,012건), 가슴 축소술(31,368건), 눈꺼풀 수술(28,025건), 코 성형술(26,205건), 얼굴 주름 제거술(13,702건)이었다. 보톡스, 히알루론산, 제모술, IPL 레이저와 더불어 화학 박피술은 남성이 가장 많이 받는 비수술적 시술이다. 수술적 시술에 대한 수요도 연령별로 다양해졌다. 35~50세까지의 계층이 전체 시술의 39.3%를 차지했지만 18세 이하는 1.5%에 그쳤다.[11]

2015년 영국에서는 51,000명 이상이 성형수술을 받았다. 이는 12.6% 증가한 수치이다. 영국 성형외과의사협회British Association of Aesthetic and Plastic Surgeons는 보고서에서 성형수술의 상품화에 대한 우려를 표명했다. 영국에서 시행된 성형시술의 91%가 여성을 대상으로 한다. 영국 남성의 성형수술 건수는 미국 남성과 비교하면 많지 않지만, 남성의 패션 스타일이 변하고 극도로 남성적인 모습보다 호리호리한 외형을 선호하게 되면서 영국에서 성형수술을 받는 남성의 수가 지난 10년간 두 배로 뛰었다. 영국에서 인기 있는 수술을 순서대로 나열하면, 가슴 확대술(2014년 대비 12% 증가), 눈꺼풀 수술(12% 증가), 얼굴 및 목 주름 제거술(16% 증가), 가슴 축소술(13% 증가), 지방 흡입술(20% 증가), 코 성형술(14% 증가), 지방 이식술(3% 증가), 복부 성형술(8% 증가), 눈썹 거상술(7% 증가) 순이다.

너필드 생명윤리위원회Nuffield Council on Bioethics가 2017년 발표한 종합 보고서에서는 성형수술의 수요와 공급에 관한 많은 복잡한 문제점을 강조하고 있다. 이 보고서에서는 사람들이 자신의 외모를 개선하거나 '표준화'하려고 비재건 성형수술을 받기로 하는 데 영향을 주는 많은 요인에 대해 설명했다. 특히 성형술의 증가 현상이 사회 전반에 미치는 영향과 성형술을 부추기는 사회·문화적 맥락에 대해 논의했다. 이 보고서에 따르면, '신체 불만족' 정도가 심한 것은 소셜미디어 사용의 증가, 셀러브리티 문화, 경제·사회적 추세, 젊음을 중시하는 문화와 관련이 깊다.[13]

광고와 마케팅에서 내보내는 '미美는 행복, 성공과 비

례한다'는 메시지는 이러한 현상을 더욱 강화한다. 그 결과 여성은 즉시 쓸 수 있는 많은 수단을 활용해 외모를 포함한 모든 것에서 최대한 장점을 끌어내야 한다고 느낀다. 이 보고서에서는 수요와 공급 양쪽 모두 개선된 윤리적 실천이 필요하다고 조언한다. 수요의 측면에서는 광고표준위원회Advertising Standards Authority, 소셜미디어 회사, 영국의 방송통신규제기관인 오프컴Ofcom, 평등인권위원회Equality and Human Rights Commission, 교육부, 앱스토어가 행동을 취해야 하며, 성형수술의 공급 측면에서는 영국 왕립 외과 대학Royal College of Surgeons이 앞장서서 성형수술에 높은 기준을 적용할 수 있도록 최선을 다해야 한다고 촉구한다. 어린이와 18세 미만의 청소년은 종합적 의료 행위가 필요한 경우를 제외하고는 수술적 성형시술을 금지해야 한다고 보고서는 주장한다. 성형술의 주요 제공기관은 환자에게 제공될 수준 높은 정보를 독립적으로 개발하는 데 자금을 지원하고, 성형시술 제공에 필요한 최선의 실행 규정을 만드는 데 협력해야 한다. 마지막으로, 영국 왕립 외과 대학과 영국 의료심의회General Medical Council, 주요 성형수술 제공기관, 성형 부문의 의사를 대표하는 전문기관은 성형수술을 시행하는 모든 의사가 반드시 인증된 면허를 가지고 필요한 연수를 받도록 협력해야 한다고 보고서는 제안한다.

특정한 정신 병리학적 증상이 성형수술에 대한 관심으로 이어진다고 알려져 있다. 이는 수술 전 상담과 수술 후 관찰이 도움이 된다는 점을 시사한다. 2007년에 프레더릭 등Frederick et al.이 실시한 메타 분석에서, 전 연령대의 남성 25,714명과 여성 26,963명에 대한 조사를 비교했다.[14] 그 결과 남성의 두 배에 해당하는 여성이 성형수술에 관심이 있었다. 이상 섭식행동은 성형수술에 대한 관심을 가늠하는 주요 예측인자였다. 유감스럽게도 가슴 확대술을 받은 여성의 자살 확률이 높다는 연구 결과가 나왔는데, 이는 이 수술을 받은 여성의 특성을 고려하면 예측할 수 있는 결과이다. 이 연구에 따르면 여성의 교육 수준과 부모와의 관계가 성형수술에 대한 관심을 측정하는 예측인자였다. 또 다른 연구에 의하면, 주변에 아는 사람이 성형수술을 받은 것이 성형수술에 대한 관심을 증가시켰으며, 아동기나 청소년기에 외모로 인해 놀림을 받은 경험 역시 같은 결과를 낳았다. 패션 블로그를 읽는 여자 청소년은 이상적인 마른 몸에 대한 내면화가 더 심화되고 성형수술에 대한 고려를 더 많이 한다. 나이든 여성은 젊은 여성과 비슷한 정도의 신체 불만족을 경험하지만, 영원한 젊음에 대한 오늘날의 문화적 압력에도 불구하고 이들의 신체 긍정도는 나이가 들어감에 따라 약간 증가했다.

그러나 노화가 무슨 수를 써서라도 이겨내야 하는 두려운 질병으로 그려지고 나이든 여성에게 자연스러운 노화의 흔적을 없애라며 노화 방지 제품이 해결책인 양 그릇된 환상을 심어주는 상황에서, 일부 사람들이 성형수술에 끌리는 것도 놀랄 일은 아니다. '젊은 몸과 얼굴이 곧 이상적인 미美'라는 미디어 이미지에 많이 노출될수록, 특히 중년 여성이 성형수술을 더 많이 고려한다는 주장을 뒷받침하는 증거는 무수히 많다. 노화된 몸을 매력적이거나 바람직하지 않게 지각하는 것 역시 중년과 노년 여성의 수술적, 비수술적 시술에 대한 관심을 높이는 데 영향을 주는지도 모른다. 분명한 사실은 미美에 대한 문화적 양면성이 노화에 대한 모순적인 태도에 그대로 반영된다는 것이다. 남성의 시선은 여성을 대상화하지만, 남성이 시선을 거두어들이면 여성은 눈에 보이지 않는 대상이 된다. 아름다움과 젊음을 동의어로 여기는 현대 문화에서, 여성에게 아름다움과 젊음의 상실은 자기규정의 상실로 이어질 수 있다. 이를 뒷받침하는 연구가 있다. 60세 이상의 여성 21명을 표본으로 시행한 질적 연구에서 여성들은 "젊어 보이거나, 전보다 젊어 보이거나, 나이에 비해 아름다워 보이는" 것이 아니라 그냥 "아름다워 보이고" 싶다고 말했다.[15]

아이러니하게도 여성에게 젊음을 유지하라는 압력이 결국 여성을 사회의 조롱거리로 만들 수도 있다. 화장품과 성형시술이 발달하면서 여성은 젊어 보일 수 있게 되었지만, 반면 여성이 이런 것에 의존하는 듯 보이면 자존감이 부족하다며 사회의 비난을 받는다. 하지만 높은 수준의 지지를 받고 사람들이 자신의 신체를 있는 그대로 인정해 준다면 여성은 중년이 되어서도 자신의 몸에 대해 긍정적인 감정을 가질 수 있다. 미디어와 또래 집단이 성형수술에 대한 태도에 미치는 영향을 호주 여성을 대상으로 연구한 티그먼Tiggeman은 자신의 몸에 긍정적인 여성이 자기 대상화 정도가 낮았고 자신의 몸과 건강과 몸의 기능에 대한 이해도가 높았으며 자신의 몸이 지닌 결함에 보다 수용적이었다는 결론을 얻었다.[16]

여성은 물론 점차 남성까지도 광고와 마케팅의 대상이

되어 완벽한 젊음을 약속하는 제품을 구매한다. 세계 화장품 산업은 계속 성장하고 있다. 2015년 시장 가치는 2,100억 달러에 달했고 그중 가장 큰 부문은 노화방지 제품이다. 자연스러운 노화의 흔적에 맞서야 한다는 연령 차별적 광고 문구는 젊은 소비자를 현혹하여 나이 드는 것에 대한 공포를 조장하고 무의식적 연령 차별이라는 편견을 생산한다. 노화방지 제품의 시장 가치는 2019년까지 1,917만 달러에 육박할 것으로 예상된다. 앞서 언급했던, 여성들이 젊어 보이는 것이 아닌 아름다워 보이고 싶다고 응답한 조사의 연장으로, 45~83세의 여성 500명 이상을 대상으로 광고가 자존감에 미치는 영향력을 스스로 지각하고 있는지에 대해 물었다.[17] 응답자는 광고에 좀 더 사실적이고 현실을 반영한 모델이 나온다면, 스스로에 대해 더 만족하고, 변하는 몸을 좀 더 긍정적으로 수용하고, 자신감이 높아지고, 무시당한다는 느낌이 적어지고, 기업과 사회가 자신을 가치 있게 여긴다는 생각이 들 것이라고 답했다. 나이든 여성들은 구매력을 가지고 있다. 디자이너, 광고주, 마케팅 담당자가 이들을 패션 소비자로 인식하면 이들이 패션 아이템을 구매할 확률은 커진다. 그러나 꼭 그렇지 않을 수도 있다. 다음 세대 노인들은 구매력은 적어지지만 환경 문제에 대한 인식은 높아질 수도 있기 때문이다. 이들은 윤리적이며 지속 가능한 패션 회사를 찾아다닐 것이고 이러한 회사를 찾게 되면 제품을 구매하여 지지를 보낼 것이다.

매력적이거나 아름다운 사람이 얻는다고 여겨지고 때로는 실제로 얻는 실생활에서의 혜택 때문에 외모에 주력해야 한다는 압력이 개인, 특히 여성에게 가해지기도 한다. 예를 들면 비만 여성은 비만 남성보다 사회적 이동의 정도와 교육 및 경제적 성취도가 모두 낮다. 비만 여성은 고등교육기관에서 받아들여질 확률이 낮기 때문이다. 그 결과 비만 여성은 고용 차별과 적대적 근무 환경에 놓일 수 있을 뿐만 아니라 데이트 경험과 결혼 기회가 상대적으로 적어질 수도 있다.

앞서 논의했듯이, 지금 이 시대에 '아름다움'의 개념은 많은 이유에서 문제가 된다. 성형술을 통한 빠른 해결책은 사람들에게 외모를 바꾸라고 부추긴다. 그래서 현재 아름답다고 여겨지는 정형화된 이미지에 자신을 맞추게 한다. 그 결과 자연스러운 얼굴과 몸은 성형수술로 바로잡을 수 있는 비정상적인 결함으로 비춰진다. '21세기의 미녀는 전체적으로 특징이 없으며 튀는 모든 것은 평범해지고 모든 독특함은 지워진 채 머리끝부터 발끝까지 수술로 조각된다. 따라서 그 미녀는 비장애인이며 인종적 특징이 없고 민족적 특징도 없다.'[18]

이러한 '이상화된 모습'은 텔레비전과 영화를 비롯한 미디어 전반에 걸쳐 묘사된다. 보통 '착한' 등장인물은 '결함이 없게' 그려지지만, '나쁜' 인물은 외모와 관련된 '결함'을 가지고 등장한다. 정형화된 이러한 이미지는 모든 사람에게 해로운 영향을 끼치지만, 특히 몸이나 얼굴에 남과는 다른 점이나 결점이 있는 많은 사람들에게는 더욱 가혹하다. 체인징 페이스Changing Faces는 외모에 결점이 있는 사람들이 자신이 원하는 삶을 살도록 도와주는 것은 물론, 편견과 맞서 싸우고 나와 다름에 대해 존중하는 마음을 갖도록 캠페인을 벌이는 영국의 자선단체이다. 이 단체는 2017년 5월 26일 얼굴 평등의 날에 『영국의 신체적 결함Disfigurement in the UK』이라는 제목의 보고서를 발표했다.[19] 이 보고서에 따르면, 적어도 130만 명의 영국에 거주하는 어린이, 청소년, 성인이 심각한 신체적 결함을 가지고 있는 것으로 추정되며 이 중 569,000명은 얼굴에 결함을 가지고 있다. 이들은 자신의 결함으로 인해 원치 않는 관심을 받고, 우리 문화가 결함과 연결 짓는 낙인을 감수하느라 남의 시선을 의식하게 되고, 고립감과 외로움을 느낀다고 말한다. 또한 놀림, 비웃음, 사람들의 빤히 쳐다보는 시선을 견뎌야 하며, 학교에서 큰 기대를 받지 못하고, 직업을 구하는 데 어려움을 겪고, 외모로 인해 미디어에서 만든 정형화된 이미지를 갖게 된다. 예컨대 최근 영화 '원더우먼Wonder Woman'에서 사악한 역인 닥터 포이즌은 얼굴에 흉터가 있다. 이러한 묘사를 통해 사람들은 결함이 있는 얼굴을 부정적으로 인식하게 되고 그런 얼굴을 가진 사람을 두려워하도록 사회화된다. 얼굴에 결함이 있는 모델을 기용한 패션 캠페인이나 이미지를 본 사람은 아무도 없을 것이다. 이러한 사람들은 제외되기 때문이다. 체인징 페이스가 사용하는 결함이라는 단어는 얼굴이나 손, 몸의 겉모습에 영향을 주는 자국이나 흉터와 같은 상태를 의미한다. 결함은 태어나면서부터 가지고 있을 수도 있고 살면서 얻게 되는 경우도 있다. 따라서 어느 사회 집단이나 인구통계학적 집단의 누구라도 어느 때고 결함을 갖게 될 수 있다.

> 얼굴은 모든 인간의 자아상 중심에, 그리고 개인이 자신의 성격을 그려서 공유하고 기분과 의도를 표현하는 사회적 캔버스 위에 놓여 있기 때문에, 얼굴의 결함은 개인의 자존감과 타인이 이들을 지각하고 대하는 방식에 상당한 영향을 미칠 수 있다.[20]

인터넷과 소셜미디어가 개발되기 전에는 사람들이 패션 이미지에 노출되는 빈도가 낮았다. 나오미 울프에 따르면, 시각적 이미지의 맹공격이 있기 전에는 신체적 매력이 중요하기는 했어도 "우리가 현재 생각하는 '아름다움'은 평범한 여성에게 진지한 문제가 아니었다."[21] 페미니스트의 관점에서 울프는, 산업 혁명 이후 서양의 중산층 여성이 '미적 환상'의 지배를 받아 왔으며, 이러한 환상이 이상적인 모습과 고정관념을 조장하고 고착화했다고 주장한다. 이러한 환상은 여성해방에 대해 여성 스스로 느끼는 죄책감과 불안을 이용해 마케팅 담당자들이 활용할 기회를 제공했다는 것이다. 결과적으로 여성은 이러한 환상을 받아들이게 되고 그 결과 미용산업은 세계에서 가장 영향력이 큰 시장으로 등극하게 되었다.

소셜미디어가 신체상에 미치는 영향

사회적 관계에 대한 인간의 욕구는 인간이 이런 관계에서 얻는 이득만큼이나 확고히 존재한다. 웹 기반 서비스인 소셜 네트워킹 사이트에서 인터넷 사용자는 공개적 혹은 반공개적으로 프로필을 만들고 개인적인 내용을 유포하며 다른 사람과 교류하고 정보를 얻는다. 소셜 네트워킹 사이트는 10년 전부터 중요한 의사소통 도구가 되고 있다. 소셜미디어는 우리의 소통 방식을 바꾸고 있다. 소셜미디어에는 블로그, 포럼, 비즈니스 네트워크, 사진 공유 플랫폼, 소셜 게임, 마이크로 블로그, 채팅 앱, 그리고 소셜 네트워크가 있다. 소셜 네트워킹 사이트는 패션 관련 아이디어와 이상화된 이미지를 알리고 퍼뜨리는 데 가장 영향력 있는 매체가 되고 있다. 소셜 네트워크 사용자는 2020년까지 29억 5천 명에 달할 것으로 보인다. 이는 지구 전체 인구의 약 3분의 1에 해당한다. 사용자 중 5분의 1은 중국인이고, 약 9분의 1은 인도인일 것이다. 2016년 기준, 미국 인구의 78%가 소셜 네트워크 프로필을 가지고 있다.

2017년 8월 스태티스티카닷컴statistica.com의 보고서에 따르면, 약 20억 명의 인터넷 사용자가 소셜미디어를 이용한다. 페이스북Facebook의 매달 실제 사용자는 20억 5천만 명에 달하며, 인스타그램Instagram은 7억 명 이상, 텀블러Tumblr는 3억 5,700만 명 이상이다. 주요 소셜 네트워크는 다중 언어를 지원해 사용자가 지리적, 정치적, 경제적 경계를 넘어 소통할 수 있게 한다. 페이스북과 구글 플러스Google+는 사진이나 상태 공유하기와 소셜 게임을 통해 친구와 가족 간의 소통에 초점을 두는 반면, 텀블러와 트위터Twitter는 빠른 소통에 중점을 둔다. 소셜 네트워킹 사이트는 사용자의 삶 속에 늘 존재하기 때문에 사회적 영향력이 상당히 크다.[23] 페이스북 사용자의 상당수는 페이스북에서 신뢰할 만한 뉴스를 얻는다고 말한다. 거의 전적으로 이미지를 기반으로 하는 인스타그램은 가장 빠르게 성장하고 있는 소셜 네트워킹 사이트로, 실제 사용자가 7억 명이며 모바일 사용자는 200만 명에 달한다. 유튜브Youtube는 15억 명, 왓츠앱WhatsApp은 12억 명, 트위터는 328,000명이 사용한다. 이 수치는 빠른 속도로 증가하고 있다. 이미지를 업로드하고 편집하는 데 주로 사용되는 인스타그램은 패션과 관련 산업에서 강력한 마케팅 수단이기도 하다. 인스타그램에 팔로워 수가 많으면 그 자체로 큰 사업이 된다. 현재 나이키Nike는 팔로워 수가 7,200만 명이며, 이에 더해 2,810만 명이 나이키 풋볼Nike Football을 팔로우하고 있다. 빅토리아 시크릿Victoria's Secret은 5,500만 이상의 팔로워를 자랑하고, 아디다스 오리지널Adidas Originals은 2,020만 명, 아디다스Adidas는 1,410만 명이 팔로우하고 있다. 명품 브랜드를 보면, 샤넬Chanel은 2,160만 팔로워가 있고, 루이뷔통은 1,710만, 디올은 1,550만, 구찌Gucci는 1,500만, 돌체앤가바나Dolce and Gabbana는 1,360만, 프라다Prada는 1,250만 팔로워를 보유하고 있다. 패스트패션이자 하이 스트리트 패션인 H&M은 팔로워 수가 2,110만 명이고, 자라Zara는 1,950만 명이다.[24]

요즘은 대중에게 진정한 모델로 인식되고 싶다면 인스타그램 팔로워 수가 수십만 명은 되어야 한다. 켄달 제너Kendall Jenner, 카라 델레바인, 칼리 클로스Karlie Kloss, 조앤 스몰스Joan Smalls 모두 수백만 명의 팔로워가 있다. 미국판 『보그』는 2014년 9월호 표지에 이러한 모델을 '인스타걸Instagirls'이라고 칭했다.[25] 이제 모델은 광고에 얼굴이나 몸을 드러내는 것 이상의 역할을 한다. 이들은 '브랜드 홍보

대사'로서 개인적인 매체를 통해 브랜드를 공유하고 홍보한다. 흥미로운 사실은 모델이 자신의 팔로워 수와 직접 연관이 있는 이 홍보 서비스에 대한 대가로 수수료를 청구한다는 점이다. 이러한 현상에는 팔로워 수가 미디어 공간과 같다는 전제가 깔려 있다. 전통적인 접근법으로 홍보했다면 이러한 미디어 공간은 비용이 꽤 높았을 것이다. 인스타그램은 사진작가와 신인 발굴 전문가가 장래성 있는 모델을 찾는 데 효과적인 수단이기도 하다. 이렇게 모든 사람이 참여할 수 있게 된 소셜미디어의 민주화로 인해 젊은 여성과 남성이 업로드할 이미지를 '완벽하게 만드는 데' 오랜 시간을 투자하고 있는지도 모른다. 이러한 민주화는 공유나 협동의 감정을 심어 주는 것은 물론 기회도 제공한다. 패션의 민주화는 패션 정보를 얻기 위해 사람들이 찾는 패션 인플루언서influencer인 블로거의 주도로 이루어졌다. 앞서 말했듯이 블로거의 팔로워 수가 많으면 많을수록 그 블로거를 원하는 브랜드는 많아지기 때문이다.

입소문은 이제 마케팅 기관에서 만든 정보 전달 수단보다 더 중요하고 영향력이 큰 도구로 여겨진다. 영국인 블로거 카밀 샤리에Camille Charriere는 인스타그램 팔로워가 50만 명에 이르는데, 팔로워 대부분은 25세에서 35세의 젊은 사람들로 런던에 거주한다. 뉴욕과 파리의 패션업계는 패션 잡지의 화려한 사진보다 길거리 패션이 소비자의 이목을 더 끈다고 말한다.[26] 오늘날에는 블로거가 가진 팔로워의 숫자와 구성이 블로거의 가치와 동일하게 여겨진다. 인플루언서는 화려한 옷을 입고 패션 행사에 참여한 후 자신의 인스타그램에 관련 이미지를 올리는 것에 대한 대가로 돈을 받는다. 인플루언서의 팔로워 수가 많을수록 게시한 이미지에 대한 비용을 더 많이 청구할 수 있다. 그러나 블로거의 팔로워 수보다 블로거의 이미지가 브랜드 이미지와 잘 어울리는지 여부를 더 중요시하는 브랜드도 있다. 블론드 샐러드Blonde Salad라는 블로그로 알려진 키아라 페라니Chiara Ferragni는 세계에서 가장 유명한 패션 블로거로 770만 명의 팔로워를 보유하고 있다.[27] 그녀는 블로그를 이용해 패션 사업을 시작했고 현재 성공적으로 이끌고 있다.

과거에는 패션 산업으로의 진입이 특권층의 전유물로만 여겨졌지만, 이제는 기술 발전으로 인해 누구나 큰돈을 벌 기회를 얻게 되었고 자신이 팔로우하는 '평범한' 사람이 영위하는 화려한 삶을 살 기회도 얻게 되었다. 소셜 네트워킹 사이트 사용자들은 사이트에서 화장하는 법을 배우고, 패션 인플루언서를 팔로우하며, 이상적인 자기관을 가장 잘 나타내는 콘텐츠를 선별해 자신의 프로필에 업로드한다. 젊은 사람들의 온라인 소통과 소셜미디어 사용에 따른 유익한 영향과 해로운 영향에 관해 조사한 연구에 따르면, 이러한 기술로 인해 자존감이 높아지고 자신이 지각하는 사회적 지지와 사회 자본이 증가했으며 자아 정체성에 대한 안전한 실험과 자기 노출의 기회가 증가했지만, 동시에 위험, 사회적 고립, 우울감, 사이버 폭력에 대한 노출도 증가했다.[28]

소셜미디어 대부분이 이미지를 기반으로 한다는 점을 고려하면, 외모와 관련된 사회적 비교가 소셜미디어 사용자의 정신건강과 안녕감에 심각한 문제가 될 수 있음은 의심할 여지가 없다. 앞서 언급했듯이, 영국에서만 130만 명 이상의 사람이 신체적 결함을 가지고 있고 이 중 50만 명 이상이 얼굴에 결함이 있다. 『영국의 신체적 결함』 보고서에 따르면, 영국의 얼굴 평등을 주장하는 자선단체인 체인징 페이스가 실시한 조사의 응답자 중 96%가 소셜미디어에서 신체적 결함을 조롱하는 포스트나 밈meme(재미를 주는 것을 목적으로 특정 메시지를 전하는 그림, 사진, 또는 짧은 영상-옮긴이 주)을 본 적이 있다고 답했다. 이런 포스트를 해당 소셜미디어 회사에 신고한 사람 중에 답변을 받은 사람은 한 명도 없었다. 게다가 응답자 중 상당수가 높은 강도의 욕설과 트롤링trolling(인터넷 공간에서 공격적이고 반사회적인 반응을 유발하는 행위-옮긴이 주)을 경험했지만, 소셜미디어 웹사이트는 이 문제를 해결하거나 도움을 줄 의지가 없는 듯 보인다. 결국 체인징 페이스는 해당 부처 장관들과 소셜미디어 회사 대표들이 좌담회를 개최하여 사용자의 안전을 보장하는 책임에 대해 논의할 것을 국무상에 요청하고 있다.[29] 이 책에서는 얼굴과 관련된 문제에 대해 깊이 논의하지는 않지만, 관심 있는 독자는 추가자료 목록을 확인하기 바란다.

자기보다 우월한 사람과 자신을 비교하는 상향 사회비교 때문에 페이스북 사용이 안녕감에 부정적인 영향을 미친다는 사실은 입증된 바 있다. 이로 인해 자존감, 신체 만족감, 정신건강에 부정적 변화가 나타난다. 페이스북을 자주 사용하는 사람은 자신보다 다른 사람이 더 행복하고 더 성공했다고 생각했으며, 오프라인에서 알지 못하는 사람일 때 이러한 생각은 더욱 커졌다. 페이스북에 대한 사용자의 감정적 경험을 분석한 표적 집단 연구에서, 사용자는 타인의 정보가 자신에게 노출될 때 페이스북에 매여 있는 느낌이 든다고 말했다. 그 이유는 페이스북이 접근이 매우 쉽고, 친구나 친척이나 사귀는 사람에게서 페이스북상에서 관계를 유지하자는 압력을 느끼기 때문이라고 했다. 그 결과 이들은 페이스북을 정기적으로 확인하지 않으면 무언가 '놓친' 느낌이 든다고 했다. 이러한 감정적 반응을 일컬어 기회를 놓치는 것에 대한 두려움이라는 뜻의 포모fear of missing out, FOMO라고 한다. 이 두려움은 또 다른 압박을 만들어 내고 때로는 특정인의 온라인 활동을 감시하거나 정기적으로 사회적 비교를 하는 등의 비정상적인 행동을 일으키기도 한다.

자신의 외모에 대해 느끼는 불안감을 친구나 가족과 이야기하면 부정적 감정이 해소된다고 생각하는 사람이 있을지도 모른다. 그러나 연구 결과에 따르면, 친구와 가족에게 자신의 외모, 신체 사이즈, 체중, 뚱뚱해지는 것에 대한 두려움 등의 불만을 토로하면 스스로에 대한 감정에 부정적 영향을 미칠 수 있다고 한다.[30] 그런데도 연령과 신체 사이즈를 불문하고 모든 여성은 자신의 몸에 대해 자기 비판적으로 되라는 압력을 느낀다.[31] 남성보다 여성이 '몸을 비하하는 대화fat talk'에 더 많이 노출되고 이러한 대화를 하라는 압력을 더 많이 받는다고 한다.[32] 연구에 따르면 남성이 하는 몸에 대한 대화는 체중이나 근육과 관련된 것이다.[33] 체중에 대한 이야기는 상체에 대한 불만족, 근육 이형장애 증상, 섭식장애에 대한 태도와 행동 정도로 끝난다. 근육에 대한 이야기는 상체에 대한 불만족, 근육 키우기에 대한 강한 의지, 근육 이형장애 증상, 외모에 대한 투자와 관련된 것들이다. 몸에 대한 남성의 대화는 긍정적일 때도 있고 부정적일 때도 있지만, 여성은 부정적인 이야기만 하는 경향을 보인다. 203명의 젊은 성인 여성을 표본으로 실시한 조사에서, 몸과 관련된 부정적인 이야기는 신체 불만족, 낮은 자존감, 외모에 대한 더 많은 투자, 몸에 대한 왜곡된 생각, 섭식장애에 대한 태도, 우울증과 관련이 깊었다.[34] 몸에 대한 긍정적인 이야기는 몸에 대한 인지적 왜곡의 감소, 몸에 대한 만족도 상승, 높은 자존감, 친구와의 좋은 관계 유지에 관한 것이었다.

어딜 가나 시각적 이미지가 존재하는 지금의 상황이 외

모 지향적 문화를 부추겨 왔다. 외모 지향적 문화 안에서 '여성의 대상화는 만연'해진다. 현대의 서양 문화는 여성이 자신의 몸을 관찰자의 시선으로 바라보도록 유도한다. 이러한 현상 대부분은 미디어를 통해 야기된다. 미디어에서 남성의 몸은 크고 근육질로, 여성의 몸은 마르고 아름답게 이상화되어 묘사된다. 앞서 말했듯이, 미디어는 남성의 몸보다 여성의 몸을 성적으로 대상화하는 경향이 있다. 사람들은 자신을 문화적으로 이상화된 몸과 비교하고 이에 잘 부합하지 않으면 자기 불일치와 수치심을 경험한다. 수치심을 느낀 사람은 대개 타인에게 자신을 들켰다고 느끼고 타인의 의견에 지나치게 신경 쓴다.

대상화

대상화는 만연한 성적 억압의 한 형태로, 한 개인을 사용하거나 소비하기 위한 몸으로서만 바라보는 것을 말한다. 대상화 이론에 따르면, 여성이 미디어 속의 이상적인 신체와 자신을 끊임없이 비교하다 보면 신체 수치심을 느낄 수밖에 없다.[35] 대상화 이론은 여성의 사회화와 성적 대상화 경험이 어떻게 정신건강 문제로 이어지는지를 이해하는 데 필요한 통합적인 틀 역할을 한다. 현대 문화에서 여성의 신체는 보통 바라보거나 성적으로 응시하는 대상으로 이해된다. 대상화 중 가장 미묘한 방식은 응시를 통한 대상화로, 이는 신체를 시각적으로 면밀히 살펴보는 것을 말한다. 이러한 대상화는 하나의 인간에서 여성의 신체가 분리되어 이 신체가 여성을 대표하는 것처럼 여겨질 때 일어난다. 이런 의미에서 대상화된 여성은 다른 사람의 용도나 기쁨을 위해 존재하는 신체로만 여겨지고, 그 결과 몸에 대한 끊임없는 감시와 관찰이 일어난다.

대상화 이론은 개인적이나 사회적인 만남과 시각적 미디어에서 어떻게 대상화가 일어나는지 보여준다. 이 상황에서 남성보다는 여성이 타인으로부터 응시받는 것을 경험하고 '쳐다본다고' 느끼는 경우가 더 많다. 응시는 대개 성적인 평가와 때로는 경멸적인 언급도 동반한다. 시각적 미디어 중에서 뻔한 문제점을 드러내는 포르노는 물론이거니와 주류 영화, 광고, 시각예술, 텔레비전, 뮤직비디오, 잡지, 스포츠 사진, 패션에서도 성적 대상화인 응시가 버젓이 나타난다. 대상화 이론의 창시자인 프레드릭슨Fredrickson과 로버츠Roberts에 따르면, 대상화의 가장 심각한 심리학적 영향은 여성이 스스로를 응시하고 평가해야 하는 대상으로 여기게 된다는 점이다.[36]

자기 대상화의 점수가 높은 여성은 섭식장애 정도가 심했고 외모 언급에 대한 자신의 반응과는 관계없이 신체 불만족도가 컸다. 그에 반해, 자기 대상화 점수가 낮은 여성은 외모 언급에 대한 자신의 반응에 따라 신체 불만족 지수가 각기 다르게 나타났다. 대상화는 심한 신체 감시로 이어질 수 있기 때문에 섭식장애 증상을 악화시킬 수 있다. 2004년의 연구에 따르면, 신체 불만족도가 높아서 지속적으로 자신의 몸을 감시하는 여대생은 자신의 불만족스러운 부분을 파악하는 데 더 많은 시간을 보내기 쉽다는 결과가 나왔다. 또한 여성은 대학생 때 자기 대상화와 그로 인한 부정적인 영향에 더 쉽게 피해를 볼 수 있다. 부정적인 영향에는 외모 불안감 가중, 최상의 동기 부여 상태 감소, 내적인 신체 상태에 대한 인식 저하, 육체적 안전에 대한 불안감 가중, 신체 수치심 증가 등이 있다.[37] 여성이 어떻게 대상화를 내면화하는지에 따라 정서적, 인지적 행동이 달라진다. 예를 들어 남성과 여성 모두 수영복을 입고 수학 시험을 보게 했을 때, 이 행위가 남성의 성적에는 영향을 주지 않았지만 여성의 성적에는 영향을 미쳤다는 연구 결과가 있다.[38] 다른 연구에서는 여성에게 수영복이나 스웨터 둘 중에 하나를 입고 전신거울을 보게 했는데, 수영복을 입고 거울을 본 여성은 자기의식과 신체 수치심이 강해지고 자존감이 낮아졌지만, 스웨터를 입은 여성은 그렇지 않았다. 중요한 사실은 수영복을 입은 여성이 옷을 갈아입은 후에도 계속해서 자신의 몸에 대해 생각했다는 점이다.[39] 또 다른 연구에서는 동성애자와 이성애자 남성들에게 몸에 딱 붙는 스피도 수영복이나 터틀넥 스웨터 중 하나를 입게 한 후 간단한 간식을 이용해 표본 조사와 평가를 진행했다.[40] 그 결과, 스피도를 입은 동성애자 남성은 스피도를 입은 이성애자 남성보다 훨씬 적은 양의 간식을 먹었고, 스웨터를 입은 동성애자 남성에 비해서도 훨씬 적게 먹었다.

일반적으로 남성보다 여성이 외모 불안감의 정도가 높다고 알려져 있다. 이는 여성이 이상적인 모습에 가까워지려고 매년 화장품, 수술, 체중 감량 프로그램에 수백만 달러를 쓰는 것만 봐도 짐작할 수 있다. 외모 불안감이 높은 여성은 자존감이 낮고 타인의 눈을 의식하며 청중 불안과 시험 불안이 높다. 이러한 불안감은 남성보다 여성에게 외모의 중요성을 더 많이 강조하는 문화가 만든 자기 대상화의 결과이다. 자기 대상화로 인한 신체 수치심, 외모 불안과 혐오는 성적 흥미를 잃게 하거나 성행위에 대한 부정적인 태도를 심어 준다. 신체에 대한 자의식이 강한 여성은 성적 상황에서 자신의 몸을 관찰하는 데 인지 자원을 소비하기 때문에 상황 자체를 즐기지 못한다.

대상화는 대상화하는 말을 듣는 것만으로도 일어날 수 있다. 남자 대학생 70명과 여자 대학생 90명을 대상으로 성적으로 대상화된 단어나 메시지가 자기 대상화를 불러일으킬 수 있는지 조사한 연구가 있다.[41] 연구 결과에 따르면 말만으로도 자기 대상화를 일으키기에 충분했으며, 여기에는 교육 수준이 높아 미디어 이미지의 비현실성을 알고 이를 무시하려는 여성들조차 예외가 아니었다. 이 연구는 매체 언어 교육을 통해 인쇄 매체가 대상화의 주요 수단으로 활용된다는 사실을 알려서 여성들이 대상화된 단어를 읽을 때나 대상화된 사진을 볼 때 스스로를 방어할 수 있도록 해야 한다고 제안한다.

대상화에 관한 대부분의 연구 결과를 보면 남성보다 여성이 불리한 상황에 놓여 있다. 그러나 단백질 파우더, 근육 강화제, 비아그라, 탈모 치료제에 대한 최근의 관심은 남성의 자아 개념에도 부정적인 영향을 미친다. 게다가 남성은 외모와 관련 없는 측면, 가령 성性적 능력과 경제적 성공에 대해 스스로를 관찰자의 시각에서 평가하기도 한다.[42] 대중 매체에서 여성과 남성의 좀 더 다양한 이미지를 보여준다면 자기 대상화와 그에 따른 부정적인 결과를 줄일 수 있을 것이다. 현실적인 여성의 이미지가 대중 매체에 더 많이 등장할수록 성적으로 대상화된 극히 마른 여성의 이미지가 미치는 악영향이 상쇄될 수 있다.

맺으며

최근 몇 년 동안 이미지 기반의 소셜미디어 플랫폼인 인스타그램이 신규 가입자 수에서 페이스북을 추월했다. 사람들이 인스타그램을 이용하는 이유는 사회적 교류, 개인 기록 보관, 자기표현, 현실 도피, 다른 사용자의 사진 보기 등 다양하다. 하지만 우리가 소셜미디어의 이미지 속 사람들에 비해 스스로를 부족하다 여기고 이러한 사람들의 이미지가 일반적인 표준이 되면, 우리는 스스로에 불만을 느끼고 실제와 이상적 자아의 간극을 줄이기 위해 애를 쓰게 된다. 그런 과정에서 건강을 해치는 식이 및 운동 요법을 지속하거나 위험한 성형시술을 하거나 거식증이나 과식증과 같은 섭식장애를 키우는 등 극단적인 방법에 매달릴 수도 있다.

비록 원인과 결과를 정확히 규명할 수는 없지만, 패션 및 미디어 이미지에 노출되는 것과 신체 불만족이나 섭식장애 같은 신체상과 관련된 문제들 사이에 연관이 있음을 밝힌 연구가 있다. 여자아이와 여성은 외모로, 남성은 힘, 수완, 지적 능력으로 평가받는 것이 일반적이지만, '이상적인' 외모에 대한 압력은 남성과 여성을 구분하지 않고 점차 커지고 있다. 노화 방지 크림, 중력을 거스르는 묘약, 수술 및 비수술적 성형시술 등을 판매하는 산업이 외모에 집착하는 사회를 키워 낸다. 그리고 이런 사회에서는 완벽한 젊음이라는 미디어 속의 정형화된 이미지에 얼마나 부합하는지에 따라 개인이 평가된다. 외모에 대한 집착은 특히 대상화의 모습으로 나타날 때 큰 우려를 낳는다. 외모에 대한 집착은 외모 불만족을 급히 해결해 줄 성형시술의 급증하는 수요와 결합하여 더 큰 사회적 문제가 되고 있다.

04

나를 표현하는 패션

자아와 정체성은 패션 이론, 문화 이론, 철학, 인류학, 사회학, 심리학 등 많은 분야의 관심사이다. 역사적으로 옷은 계층, 직업, 지역에 맞게 사람들이 욕구를 만족시키는 수단이었으며, 최근에는 하위문화에서도 같은 역할을 하고 있다. 하위문화는 보통 소속된 사람들이 입는 옷으로 정의되기도 하는데, 음악, 정치 등의 다양한 분야에서 옷은 집단을 분리하는 동시에 통합하기도 한다. 옷은 자아와 정체성과 분리해서 생각할 수 없다. 우리가 입는 옷이 우리의 자아와 정체성의 외적 표현이기 때문이다.

자아와 정체성

의견 차이가 있긴 하지만 어느 정도 합의된 정의에 따르면, '자아'는 사회화로 인한 사회적 상호작용을 거치며 발달하는 자기 반영과 성찰의 과정을 일컫는다. 사회화는 개인이 속한 공동체와 사회가 요구하는 기준에 맞추어 개인이 사회적으로 적응하는 데 필요한 수단이다. 또한 개인이 자신이 속한 사회 안에서 평생 적절하게 기능할 수 있게 하는 규범, 관습, 가치, 이념을 획득하고 전파하는 과정이기도 하다. 여자아이는 튀지 않고 다른 사람들과 잘 어울리는 자질을 중시하도록 사회화되는 반면, 남자아이는 다른 사람들과 구분되거나 차별화하는 자질을 키우도록 사회화된다. 이러한 가치는 평생을 걸쳐 확장되므로 여성은 좀 더 상호의존적인 자아를 개발하고 자존감을 다른 사람과의 관계의 질과 연결 짓게 되고, 이에 반해 남성은 자존감과 연관하여 좀 더 독립적인 자아를 개발하게 된다. 자아는 사회 안에서 만들어지고, 사회화에 있어 완성이란 없다. 우리는 사회화를 통해 자아 개념을 형성하지만, 사회적·문화적 규범과 다른 사람에게 받은 피드백과 비교를 통해 자아를 끊임없이 평가한다.

자아는 자기 인식, 자아 개념, 자존감, 자기 이해, 자기 지각과 같은 다면적이고 서로 밀접하게 연결된 요소로 구성되며, 동기, 인지, 정서, 사회 정체성에 꼭 필요한 요소이기도 하다. 정체성은 자신이 가지고 있다고 여겨지는 요소들의 결과로서 유아기부터 인생 전반에 걸쳐 발달한다.

심리학의 창시자로 알려진 윌리엄 제임스William James에 따르면 자아는 여러 가지 요소로 구성된다.

> 여기에는 인간이 자신의 것이라고 말할 수 있는 모든 것으로, 신체와 정신력뿐만 아니라 옷, 집, 배우자, 아이, 조상, 친구, 평판, 일, 땅, 말, 요트, 은행 계좌까지 포함한다.[1]

따라서 늘 그런 것은 아니지만, 우리는 우리 자신에 대해 느끼고 행동하는 것과 비슷한 방식으로 특정 소유물에 대해 느끼고 행동한다. 우리가 '나'라고 부르는 것과 '내 것'이라고 부르는 것은 연속선상에 있기 때문에 서로 분리하기 어렵다.

옷은 자아 정체성의 일부이며, 패션은 가장 유리한 방식으로 자아를 드러낼 수 있는 분명한 수단을 제공한다. 개인이 옷을 입는 방식은 많은 것에 영향을 받는다. 옷을 사는 데 지불할 수 있는 금액, 체형, 몸에 맞는 아이템이 옷 가게에 있는지, 쇼핑할 수 있는 시간, 자기 인식의 정도가 여기에 포함된다. 게다가 우리는 타인에 대한 관심보다 우리가 입고 있는 옷에 더 많은 관심을 두기도 하고, 옷을 입을 때 사회, 문화, 직업적 규범과 규칙에 따라 자신을 제한하기도 한다. 패션을 따르는 데에는 여러 가지 이유가 있다. 몸의 장점을 돋보이게 하기 위해, 정숙하게 보이기 위해, 신분을 드러내거나 내內집단에 소속되기 위해, 외外집단과 구별을 위해서 패션을 따른다. 이러한 의미에서 옷은 우리의 욕구를 충족하는 하나의 방식이고, 이러한 욕구가 충족될 때 우리는 옷을 이용해 정체성을 분명히 드러낼 수 있다.

매슬로가 1943년에 제시한 욕구 단계 모델은 사회학에서 많이 언급되는 동기 이론으로, 수많은 행동뿐만 아니라 옷이 인간 욕구를 어떻게 만족시키는지를 설명하는 데에도 활용되었다.[2] 예를 들면, 옷은 사람을 편안하게 해주고 보호해 주기 때문에 욕구의 가장 하위 단계인 생리적 욕구와 안전 욕구를 충족시킨다. 그 위 단계인 소속 및 애정 욕구와 존경의 욕구는 우리가 옷을 이용해 사회 정체성을 드러내거나 향상시킬 때 충족된다. 일부 연구자는 환경을 해치지 않는 선에서 개성을 드러내거나 창의적인 옷을 입는 것으로 자기실현 욕구를 실현할 수 있다고 주장하지만, 이는 패션의 힘을 과장하는 것일 수도 있다. 매슬로는 단순히 해를 끼치지 않는 차원이 아닌, 베푸는 행위를 통해 오직 소수의 사람만이 자아실현을 성취한다고 생각했다. 사실 매슬로는 후에 욕구 5단계 모델을 확장해 초월의 욕구를 추가하면서, 자기실현 욕구는 자신보다 더 큰 존재에게 정신적으로나 이타적으로 자신을 바치는 것을 통해 이루어진다고 말했다.

> 이러한 의미에서, 초월은 가장 높은 차원이면서 모든 것을 포함하거나 전체를 연결하는 수준의 인간 의식으로, 수단이 아닌 목적으로서, 자기 자신, 중요한 타인, 인류 전체, 다른 종, 자연, 더 나아가 우주를 위해 행동하고 공감하는 상태를 일컫는다.[3]

초월의 욕구가 패션을 통해 실현될 수 있는지는 두고 봐야 할 문제이다.

1963년 여대생 300명을 대상으로 실시한 연구에서 지위를 나타내거나 자존감을 위해 옷을 이용하는 행동과 개인의 외모를 돋보이게 하려고 옷을 이용하는 행동 사이의 상관관계가 있음이 밝혀졌다.[4] 자신을 긍정적으로 생각하는 자기 고양과 인상 관리impression management는 긍정적인 자존감을 유지하도록 유도하는 요소이다. 사람들 대부분은 긍정적인 피드백을 얻으려 하고, 자신에게 유리한 자기관을 형성하며, 이를 토대로 남들이 자신을 어떻게 바라보는지 가정한다. 그렇기 때문에 우리는 사회적 지위를 드러내는 옷을 고르고, 자기 지각을 전달하는 사회적 역할을 선택하며, 자기 확신을 주는 피드백을 받을 수 있는 방식으로 상대방과 대화한다. 자신의 외모와 남들에게 비춰지는 자신의 인상에 신경 쓰는 사람은 입는 옷에 따라 기분이 달라질 수 있다고 생각하기 때문에 유행을 따르려고 한다. 또한 다른 사람의 인상도 입은 옷에 따라 달라진다고 생각한다. 이런 사람은 자기 감시 경향이 높고, 옷에 관심이 많으며, 사회 규범에 동조하면서도 유행에 민감하고, 사회 불안을 떨치는 데 옷을 이용할 확률이 높다. 자기 감시 경향이 높은 사람은 그렇지 않은 사람에 비해 제품의 품질보다 이미지를 강조하는 광고에 긍정적인 입장을 보이고 기꺼이 더 많은 돈을 옷을 사는 데 지불한다. 다른 사람에게서 듣는 의견이나 평가는 자신에 대한 이해를 돕고, 자아 개념, 자아 정체성, 자존감에 영향을 미친다. 일반적으로 인간은 상향 비교나 하향 비교를 통해 자존감을 높이려 하고, 부정적인 정보는 오해하고, 왜곡하고, 무시한다. 이 점에 있어서 패션은 중요한 역할을 한다. 패션 산업은 미디어를 통해 도달할 수 없는 '이상적 모습'을 표준인 양 퍼뜨리고, 많은 사람들이 이 '이상적 모습'과 상향 비교를 하다 결국 자신의 외모에 대해 부정적인 감정을 키운다. 그로 인해 극단적인 운동 프로그램이나 체중 관리, 성형시술이나 심지어 수술까지 감행하기도 한다.

옷과 외모는 자아를 발달시키고 유지하고 변화시키는 데 중요한 역할을 하고, 우리가 스스로를 바라보고 생각하는 방식의 일부가 되기도 한다. 우울증을 앓는 사람은 그렇지 않은 사람보다 자아상을 부정적으로 왜곡하고 자존감과 신체 만족감이 낮으며 자신을 덜 매력적이라고 생각한다. 자아 개념 혹은 자아상이란, 개인의 경험, 내면화한 타인의 평가나 타인과의 비교, 사회에서의 역할을 바탕으로 자신의 신체적, 심리적 특징을 정신적으로 묘사한 것을 말한다. 자아 개념이나 자아상을 평가하는 요소가 자존감이다. 자존감이 높은 사람은 자신이 긍정적인 성격 특성을 지녔다고 여기며, 낙천적이고 자신감과 열정이 넘치고 위험을 감수하는 성향이 강하다. 이들은 자존감이 낮은 사람에 비해 다른 사람이 자신을 어떻게 생각하는지에 그다지 신경 쓰지 않는다. 자존감이 낮은 사람은 비관적이고 스스로 긍정적인 성격 특성이 거의 없거나 전무하다고 생각한다. 우리가 사회적, 감정적으로 동일시하는 집단이 가진 규범은 우리의 행동을 규정하고 자존감에 영향을 준다. 우리가 가진 자아상과 이상적인 자아가 일치하지 않으면 우리의 자존감은 상처를 입는다.

자존감은 고정된 것이 아니라 상황에 따라 변할 수 있다. 한 연구에서 입사 지원자 옆에 두 유형의 사람을 앉혔다. 첫 번째 유형은 정장을 차려입고 계산자와 책이 든 서류 가방을 들었고, 두 번째 유형은 티셔츠와 청바지 차림에 야한 소설을 읽었다.[5] 사회적 비교 이론에서 예측하듯, 정장을 입은 사람 옆에 앉은 지원자는 자존감이 큰 폭으로 떨어진 데 반해, 평상복을 입은 사람 옆에 앉은 지원자는 자존감이 크게 높아졌다. 같은 연구에서 사회 정체성 이론과 일치하는 결과도 나왔다. 지원자와 비슷한 스타일의 옷을 입은 사람이 옆에 앉으면 지원자의 자존감이 높아졌고, 반대의 경우엔 자존감이 낮아졌다.

자아에 관한 이론

자기 지각 이론은 태도 형성과 관련이 있다.[6] 외모를 포함하여 우리가 다른 사람에 대해 갖는 인상에 영향을 미치는 변수는 자기 자신에 대해 갖는 인상에도 영향을 줄 수 있다는 이론이다. 우리는 우리의 감정과 생각을 의식할 수 있으므로 점검하고 성찰해서 자신에 대한 정보를 모을 수 있지만, 우리가 하는 행동 대부분은 무의식적으로 일어나기 때문에 행동을 성찰하기란 불가능한 일이다. 또한 우리는 다른 사람이 우리를 어떻게 보고 판단하는지를 상상해서 호의적일 것이라고 가정한다. 우리는 스스로를 주변 사람, 특히 우리와 같은 범주에 속한다고 여기는 사람과 사회적 비교를 한다. 이 이론을 바탕으로 특정 의상 아이템을 착용하는 것이 자신의 기술과 능력을 스스로 평가하는 데 영향을 주는지를 조사했다. 연구자는 실험 참여자들에게 안경을 썼을 때와 안 썼을 때의 자신을 평가하고 숨은 도형 찾기 테스트를 하게 했다.[7] 테스트 결과에는 유의미한 차이가 없었지만, 참여자들은 안경을 썼을 때 자신의 능력과 지능에 더 높은 점수를 주었다. 자기 지각에 관한 연구에 따르면, 참여자들은 부적절한 작업복보다 적절한 작업복을 입었을 때 유능함과 책임감을 더 많이 느꼈다.[8] 다른 연구에서는 비즈니스 정장을 입으면 스스로를 권위 있고 신뢰할 수 있으며 생산적이고 유능하다고 판단하고, 평상복이나 캐주얼 업무 복장을 입었을 때 스스로를 친절하다고 생각한다는 결론이 나왔다.[9] 가이와 배님Guy and Banim, 2000은 여성과 옷의 관계를 사적인 이야기, 의상 일기, 옷장 인터뷰를 통해 조사했다.[10] 이들은 옷과 관련해 자아를 바라보는 세 가지 시각을 찾아냈다. '되고 싶은 여성', '될까 봐 두려운 여성', '평상시 나의 진짜 모습인 여성'이었다.[11]

우리가 평생에 걸쳐 발달하는 동안, 지각 과정을 비롯한 우리의 인지 구조는 사회적 세계를 단일화시키는 데 점차 능숙해진다. 그에 따라 우리는 사고를 체계화하고 지각을 단순화하여 타인의 외모만 보고 성격과 능력을 짐작하게 된다. 사회 학습 이론에서는 부모, 가족 구성원, 친구, 교사뿐만 아니라 미디어에 나오는 등장인물 등 다른 사람을 관찰하고 그들의 행동을 모방함으로써 행동을 학습하는 방식에 대해 설명한다.[12] 어린아이는 다른 사람과 교류하면서 자신의 행동에 대한 피드백을 받는다. 따라서 아이가 어떤 행동을 모방하고 이후 그에 대한 보상을 받으면 아이는 그 행동을 계속할 것이고 그 행동은 가치, 신념, 태도로 내면화된다. 이러한 과정은 성인이 되어서까지 이어지며 이는 집단 역학의 기반이 된다. 우리는 생각과 외모가 비슷해 보이고 비슷한 수준의 매력을 지니며 옷을 비슷하게 입는 사람과 자신을 동일시한다. 우리는 어딘가에 소속되고 싶으면서도 한편으로는 특별하다 느끼고 싶고 다른 사람과 차별화되길 원한다. 동일시의 이 두 가지 대립 과정, 즉 소속되고 싶은 심리적 욕구와 특별하고 싶은 차별화 욕구는 자기 자신에 대한 인식과 연관되어 있다. 이렇게 둘로 나뉜 욕구는 패션의 변화를 이끄는 가장 중요한 요소로 설명되어 왔다.

사회를 지각하는 존재로서 우리는 다른 사람의 외모와 몸짓, 자세, 표정, 움직임 등의 소통 방식을 관찰하고 해석함으로써 그들에 대해 학습한다. 우리는 관찰한 것을 바탕으로 그 사람이 한 행동의 원인을 기질이나 성격으로 돌린다. 그런 다음 우리의 동기, 감정, 기대, 지식, 신념을 바탕으로 형성된 사회적 세계에 대한 여러 편견을 이용하여 우리의 판단이 사실임을 증명하려 한다. 이 과정을 효율적으로 처리하기 위해 우리는 사람을 비롯한 모든 대상을 여러 범주로 묶고 우리의 자아 개념에 중요한 범주에만 근거하여 평가를 한다. 그 결과, 우리는 아무런 수고가 필요 없는 무의식적이고 정형화된 생각을 한다. 이러한 생각은 인지적 편안함을 좋아하는 우리의 성향을 만족시키지만, 정확하지 않은 연관성을 끌어낼 수 있다. 우리는 한 개인을 주로 외모 같은 제한된 정보를 바탕으로 그와 비슷하다고 여기는 사회적 집단에 대입하면서 고정관념을 형성한다. 사회심리학자는 인종과 민족 정체성, 성별, 사회적 지위, 체형, 신체적 매력, 머리카락, 나이 등 다양한 측면에서 고정관념이 형성되는 과정에 대해 연구해 왔다. 이러한 고정관념은 우리의 옷이 우리에 대해 무엇을 알려주는지에 대한 연구의 근거가 된다.

사회 비교 이론에 따르면, 인간은 인생에서 자신의 발전과 지위를 가늠하기 위해 자신과 비교할 기준을 찾는데, 이는 자신이 얼마나 발전했는지를 스스로 지각하기 위해서 하는 행동이다.[13] 긍정적인 특성이 월등하다고 여기는 사람과 스스로를 비교하는 상향 사회비교를 하기도 하고, 부정적인 특성을 가진 열등한 사람과 비교하는 하향 사회비교를 하기도 한다. 상향 사회비교는 스스로 부족하다는 느낌을 불러오는 데 반해, 하향 사회비교는 정서와 자기 평가를 향상시킨다. 1970년에 실시된 연구에서 남성 참여자에게 '나는 좋은 사람이다'와 같은 질문이 포함된 자기 평가 설문지를 작성하게 했다.[14] 참여자가 설문지를 작성하는 동안 말쑥하게 차려입은 사람과 꾀죄죄한 모습의 사람을 방에 들여보냈다. 이들의 외모는 참여자의 설문지 답변에 영향을 미쳤다. 말쑥한 사람을 본 참여자는 지저분한 사람을 본 참여자보다 자신을 더 긍정적으로 평가했다. 이는 비교가 우리의 자아 개념에 어떠한 영향을 미치는지 보여준다. 사회 비교 이론에 따르면, 우리는 자신과 가장 비슷하다고 생각되는 사람과 비교를 통해 자신에게 유리한 결과를 끌어낸다. 그러나 최근의 연구 결과를 보면, 여성은 자신보다 더 마르고 더 매력적으로 여겨지는 미디어 속의 여성이나 이미지와 상향 사회비교를 함으로써 자신의 몸을 평가한다. 상향 비교가 보통 불평과 불만을 일으킴에도 여성이 상향 비교를 자주 하는 이유는 남성보다 신체 외모에 대한 평가를 더 많이 받아 왔기 때문일 것이다. 자기 불일치 이론은 우리가 체중이나 매력 같은 특정 요소를 기준으로 했을 때 실제의 자아와 이상적인 자아 사이에 얼마나 큰 차이가 생겨나는지 설명한다. 이러한 차이는 우리에게 이상적인 모습을 추구하라고 자극한다.[15] 미디어에서 자신의 외모와 몸을 통제할 수 있고 노력하면 문화적 기준에 부합할 정도로 날씬해질 수 있다는 메시지를 여성에게 보낼 때 문제가 생긴다. 이로 인해 많은 여성들이 이상적인 마른 몸을 갖기 위해 애쓰며 끊임없이 신체 감시를 해야 한다고 느낀다. 이 과정에서 여성은 실제 외모와 이상적 외모 사이의 불일치를 경험한다.

사회 정체성 이론에 따르면, 우리는 우리가 속한 집단에서 자부심과 자존감을 얻고 소속 집단인 내집단의 지위를 높임으로써 우리의 자아상을 향상시키고, 그 집단에 속하지 않는 외집단은 차별한다.[16] 옷이 우리의 사회 정체성과 일치하고 사회적인 상징으로 사용될 때, 옷은 우리가 어느 집단에 속해 있는지 알려준다. 젊은이 대 노인, 남성 대 여성, 남성성 대 여성성, 포괄성 대 엘리트주의, 동조 대 반항과 같은 사회 정체성은 인생 전반에 걸쳐 나타나지만, 자신을 이러한 범주와 얼마나 강하게 동일시하는지는 개인에 따라 차이가 난다. 우리는 자신을 범주화하거나 긍정적으로 생각하기 위해 집단에 들어가는지도 모른다. 패션으로 인해 우리는 다르다는 이유로 눈에 띄거나 같다는 이유로 어울릴 수 있다. 집단에는 집단의 일원임을 확인하게 하는 '유니폼' 같은 복장이 존재하기도 하고, 집단에 속하고 싶은 욕구로 인해 개인이 옷 입는 방식을 바꾸기도 한다. 최신의 유행을 따르면 '유행에 민감한' 집단에 소속될 수 있다. 여기에 패션의 딜레마가 있다. 패션은 보통 남들과는 달라 보이고 싶은 욕구로 표출되는 것이기 때문이다.

자아, 정체성, 그리고 포괄성

몇몇 연구자는 자아 개념에 있어 옷의 중요성을 강조하고 옷이 자아실현에 필요한 수단이라고 주장한다. 예를 들어 청소년기 여자아이가 옷을 공유할 때 이들은 정체성도 공유한다. 우리는 아주 어린 나이부터 우리가 소유한 것들과 관계를 맺기 시작한다. 연구에 따르면, 두 살만 되어도 아이는 물건을 자신의 일부인 양 소유하는 개념을 이해할 수 있다. 우리의 소유물은 삶에서 일어난 특별한 일을 모아 두는 외부 저장소가 될 수 있다. 긍정심리학 연구자들은 어떤 옷은 중요한 기억과 관련된 상징적 의미를 담고 있다고 말한다. 더는 입지 않더라도 계속 간직하는 옷이 있는데, 이 옷이 이미 실용적인 기능을 넘어 향수를 불러일으키고 옷의 소유자와 추억을 잇는 고리 역할을 하기 때문이다.

패션은 자아 정체성을 세우고 자기를 표현하는 데 쉽게 이용할 수 있는 시각적 수단이다. 이때 새로움이나 개성을 찾는지, 아니면 내집단과 외집단의 맥락에서 소속감을 찾는지에 따라 패션을 다르게 선택한다. 누군가에게 패션은 가볍고 얄팍한 것처럼 보일지 모르지만, 다른 누구에게는 자기 인식의 깊이를 반영할 정도로 심오한 것이다.[17] 그러나 패션 산업의 수익성이 높은 것을 보면, 패션이 개인에게 얼마나 중요한 의미인지 알 수 있다. 경제학자 소스타인 베블런과 사회 심리학자 게오르그 지멜Georg Simmel을 비롯한, 이른 시기에 패션에 대해 언급한 학자들은 정체성에 계급을 반영하는 패션의 역할에 주목했지만, 최근에는 계급보다는 '라이프 스타일'이 정체성 형성에 더 큰 영향을 미치고 있다.

사회화로 인해 남성과 여성이 옷에 대해 보이는 행동, 생각, 태도는 평생에 걸쳐 변한다. 남자와 여자 청소년 모두에게 옷은 중요하지만 그 이유는 다르다. 여자 청소년은 옷을 고를 때 친구의 영향을 많이 받지만, 남자 청소년은 자신이 선택해 옷을 입는다. 남자 청소년의 자아 개념은 근력이 커질수록 강화된다. 남학생들이 근육을 돋보이게 하는 옷을 좋아한다는 연구 결과도 있다. 그러나 1989년에 카이저Kaiser와 프리먼Freeman이 남학생 30명과 여학생 30명을 대상으로 한 연구에 따르면, 남학생은 옷을 좋아하는 이유를 개인적 성취나 정서적 사건과 연결 지었지만, 여학생은 옷을 입었을 때 느꼈던 감정과 느낌을 옷과 연결 지어 생각했다.[18] 이 결과는 사회화로 설명될 수 있다. 여성은 '예쁘고' '수동적'이어야 한다는 압력에 노출되어 있기 때문에 매력을 근거로 자신을 평가하곤 한다. 이에 비해 남성은 자신을 효율성에 근거하여 평가한다. 여성은 옷과 자신이 가까운 관계처럼 느껴진다고 이야기했지만, 남성은 자신에 대해 느끼는 감정과 옷을 연결 지었다. 자기 도식(자신과 연관된 다양한 정보처리에서 이를 조직화하고 안내하는 자기 개념의 체계 – 옮긴이 주)에 관한 연구에 따르면, 자기 자신과 동일시하는 옷이 많을수록 이러한 옷을 어떤 상황에서 입을 것인지를 즉각적으로 답할 수 있었다. 자아가 목표 달성을 위한 하나의 과정으로만 여겨질 때, 옷차림으로 인한 자기 외모에 다른 사람이 어떤 반응을 보이는지 신경 쓰게 된다. 3장에서 대상화 이론에 대해 설명했듯이, 이러한 생각은 매우 위험하다. 누구나 함께 하고 싶은 집단이 있고 엮이고 싶지 않지 않은 집단이 있지만, 우리는 외모, 성별, 나이, 민족, 경제 수준 등이 비슷한 사람들과 어울리게 된다. 그러나 패션계에는 다양한 집단을 보여주는 일이 드물다. 그래서 여러 부류의 사람들이 무시되고, 하찮게 여겨지고, 왜곡되어 표현된다. 패션을 표현하면서 더 다양한 이미지를 사용하고 보다 포괄적인 태도를 보인다면 우리가 현재 직면하고 있는 부정적인 심리적, 사회적 결과의 상당 부분을 해소할 수 있을 것이다.

자존감이 표준과 비교되어 결정된다는 사실을 고려하면, 인류의 많은 집단이 패션에 의해 무시당한다는 느낌을 받는 것도 놀라운 일이 아니다. 패션과 미디어 산업에 의해 결정되고 홍보되는 미美에 대한 편협하고 정형화된 이미지는 여러 관점에서 많은 문제점을 안고 있다. 특히 이러한 이미지가 정작 해당 제품을 소비하는 다양한 사람들을 제대로 대변하지 못한다는 점에서 더욱 그렇다. 다양성은 인종, 민족, 성별, 성적 성향, 사회적·경제적 지위, 나이, 신체 기능, 종교나 정치에 관한 이념 등의 관점에서 다름과 독특함을 수용하고 존중하는 것을 포함한다. 사람의 몸은 다양한 체형, 사이즈, 피부색, 신체 기능을 가질 수 있고, 일상적이거나 특수한 행동을 수행할 수 있게 평생에 걸쳐 변화한다.

최근 개선의 노력이 보이기는 했지만, 소비자를 정확히 대변하여 다양한 사람들을 보여주는 패션 이미지를 찾기란 여전히 힘들다. 예를 들면 흑인과 소수 민족 출신, (특히 여성) 노인, 장애인, 정상 체중이나 몸이 큰 사람이 패션 관련 미디어나 패션쇼 무대에 서는 일은 드물다. 이는 패션 산업이 해결할 수 있는 문제로 모두에게 혜택이 돌아가게 할 수 있다. 연구 결과가 말해주듯, 소비자는 자기와 비슷한 모델과 더 쉽게 동일시하기 때문에 이러한 모델이 의상을 입은 모습을 보고 싶어 한다. 패션 이미지와 패션쇼 무대에서 다양성을 요구하는 각계의 압력이 강해짐에 따라 변화의 바람이 불기 시작했다는 것은 기쁜 소식이다. 안타깝게도 소외된 집단을 이 책에서 모두 다룰 수는 없다. 여기에서는 그중 몇 개의 집단이 직면하고 있는 상황을 조명할 것이고, 독자들이 적극적으로 참여해 현재 상황을 더 나은 방향으로 변화시키길 기대해 본다.

패션계에서 흑인과 소수 민족 출신은 다른 업계에서라면 용인되지 않았을 편견에 대항하여 수십 년간 항의를 해왔음에도 불구하고 오랫동안 소외되어 왔다. 2007년 12월에 발간된 미국의 유명한 패션 잡지 여덟 권을 분석한 결과, 라틴계 여성을 제외한 백인 여성의 이미지가 전체의 72.94%에서 94.08%를 차지했다. 잡지에 등장한 흑인, 아시아인, 라틴계 여성의 비율은 미국 인구에서 해당 인종 여성이 차지하는 비율에 훨씬 못 미치는 수치이다.[19] 이 연구에서는 이러한 편중된 표현으로 인해 젊고 날씬한 것 외에도 백인이 '이상적인 모습'이라는 생각을 강화한다고 주장했다. 이와 유사하게 2007년 미용 및 패션 잡지 5개와 신체 단련 및 건강 관련 잡지 5개의 광고 내용을 분석한 연구에서 잡지에 나온 여성 모델의 91.28%가 백인이었다.[20]

유색 인종 사람들은 매일 접하는 이미지와 비슷해 보이고 싶고 사회 경제적 지위를 얻고 싶은 마음에 위험한 피부 미백 제품과 성형수술에 의지할 수도 있다. 인종 차별에 대한 항의와 비난에도 불구하고 프라다를 비롯한 모든 패션 브랜드는 백인 모델만을 채용하고 있다. 2001년부터 2010년까지 런던, 파리, 밀라노, 뉴욕에서 열린 200회 이상의 여성복 패션쇼에 선 모델 중 백인이 아닌 모델의 수가 백인 모델의 수보다 적었다. 백인이 아닌 모델이 무대에 서는 경우는 주로 특정 민족이나 문화를 주제로 한 패션쇼였다.[21] 그러나 패션계에서 미미하게나마 다양성이 확대되는 긍정적 변화가 일어나고 있다. 2015년 가을부터 2016년 봄까지의 패션 캠페인에서 유색인종 모델이 15.3%에서 21.8%로 증가했다. 모델도 다른 사람과 마찬가지로 나이가 들고 어쩌면 장애를 갖게 될 수도 있으며 정형화된 마른 몸을 유지하지 못할 수도 있다. 이제 일상에 만연하고 패션을 통해 굳어지는 연령 차별 문제도 살펴보겠다.

현실을 반영하지 못한 노화에 대한 인식은 노인의 심리적, 신체적 건강에 나쁜 영향을 미친다. 이는 남성과 여성 모두에게 해당하지만, 성차별이 연령 차별에 내포된 편견을 가중하기 때문에 여성에게 이 문제는 더욱 심각하다. 패션 미디어와 마케팅에서 나이든 여성이 배제되고 무시되면서 이러한 편견은 노골적으로 드러난다. 패션 잡지의 주요 독자층이 35세 이상의 여성임에도 불구하고, 여러 연구에서 드러나듯 잡지는 이 연령대의 여성을 대변하지 않는다. 패션 잡지를 분석한 결과를 보면, 여성 모델의 80.72%가 21세에서 30세였고[22] 이미지의 2.68%에서 9.02%만이 나이든 여성 모델이었다. 이와는 대조적으로 출판물에 나타난 나이든 남성의 이미지는 16.70%에서 34.08%까지 다양하게 나타났다.[23] 게다가 패션 잡지의 이미지에 대한 설명에는 젊고 날씬하고 피부가 부드럽고 몸이 건강한 사람에 대한 선호와 연령 차별의 메시지가 반영되어 있었다.

나이든 여성이 패션 의류 시장에서는 무시되는 경향이 있지만 화장품, 특히 젊은 외모를 약속하는 제품에서는 중요한 고객으로 여겨진다. 미용 산업에는 화장품, 피부 관리, 손톱과 머리카락 관리, 향수 등이 포함된다. 가장 수익성이 높은 제품군 중 하나는 젊은 외모 유지에 도움을 주고 자연스러운 노화의 흔적을 없애는 제품이다. 미디어와 마케팅 담당자는 두려움을 기반으로 한 소통 전략을 이용해 이른바 노화방지 제품과 서비스를 판매한다. 이러한 제품은 자연스러운 노화 과정을 무슨 수를 써서라도 싸워서 이겨야 하는 질병처럼 정의한다. 노화에 대한 부정적인 묘사와 경멸하는 듯한 메시지가 사회에 만연하기 때문에 나이든 소비자는 자신을 다시 사회로 편입시켜 줄 노화방지 제품과 서비스를 구매하게 된다. 나이든 여성은 젊음을 얻게 도와주겠다는 수많은 제품에 둘러싸여 수치심을 느낀 나머지 자신도 젊음을 좇아야 한다고 믿게 된다. 이 내용은 '아름다움'에 대해 다룬 3장에서도 논의했다.

다른 연령대와 마찬가지로 나이든 여성 역시 미디어 속 이상적 이미지를 따르라는 압력과 사회적 영향 속에서 신체 불만족을 느끼고 마른 몸과 영원한 젊음에 대한 욕구를 갖게 된다. 나이든 여성을 왜곡하여 표현하는 것이 패션만은 아니다. 영국의 텔레비전 황금 시간대나 영화 또는 광고에서 나이든 여성이 주연을 맡은 경우는 드물다. 심지어 패션, 의류, 화장품 광고에서도 상황은 마찬가지이다. 드물기는 하지만 나이든 여성이 등장하는 경우에는 의존적이고 궁핍하고 허약하며 성적 매력과는 무관한 인물로 그려진다. 이들은 실제 나이를 가리기 위해 화면상에서 보정되고, 나이보다 '젊게' 입으면 부적절하다고 여겨진다. 그러나 2013년 연구에 따르면, 65세 이상의 여성 중 6%만이 자신이 늙었다고 말했으며 거의 절반이 연령 차별에 불만을 가졌고 3분의 2는 사회에서 문제로 여겨지는 것을 걱정했다.[24]

여성은 자신의 나이든 팔을 드러내는 것에 대해 민감할 수 있다. 끊임없이 마주하는 패션 이미지 속 팔의 모습과 다르기 때문이다. 화면상에서 보정된 모델과 유명인의 젊고 탄력 있고 부드럽고 단단한 팔다리의 이미지가 패션과 미디어 지면을 장악한다. 정반대로 유명인의 가십거리를 다루는 잡지에서는 눈치채지 못하는 사이에 유명인의 모습을 포착하여 지나치게 현실적인 몸을 공개해 망신을 주고 기뻐한다. 패션과 미디어에서 보여주는 비현실적 이미지는 여성에게 해로운 영향을 미칠 수 있다. 게다가 나이든 여성은 패션과 미디어 이미지에 거의 등장하지도 않는다. 그러니 당당히 자신의 팔을 보여줄 수 있는 사람이 몇이나 되겠는가?

영국에서 50세 이상 성인이 전체 소비자 지출의 47%를 지출하고, 65세 이상 성인은 매년 의류에 67억 파운드를 쓴다.[25] 2018년이 되면 영국 인구의 3분의 1이 55세를 넘길 것으로 보이지만 유명 브랜드 회사는 이 기회를 잡는 데 소극적인 모습이다. 그러나 흑인과 소수 민족의 경우와 마찬가지로, 패션계에서 나이든 여성과 남성을 참여시키는 일에 긍정적인 변화가 일고 있다. 1943년생 로렌 허턴Lauren Hutton은 캘빈 클라인의 여성 속옷 광고 모델이다. 뉴욕의 한 대학교 교수이자 인스타그램에서 액시덴탈 아이콘Accidental Icon으로 알려진 1953년생 린 슬레이터Lyn Slater는 망고Mango의 대표 모델이며, 1956년생 질리언 맥러드Gillean McLeod는 H&M의 수영복 모델이다. 1974년생 앰버 발레타Amber Valletta는 중년이라고 볼 수는 없지만, 젊음에 집착하는 세상에서 그녀를 『보그』 영국판의 표지 모델로 세운 것은 주목할 만한 일이다. 자신과 동일시할 수 있는 모델이 입은 옷을 보고 싶어 하는 소비자의 마음을 캐스팅 에

이전트와 유명 브랜드 회사가 알아차리기 시작한 것이다.

안타깝게도 연령 차별에 숨겨진 편견은 너무도 깊숙이 뿌리를 내리고 있어 의도적인 악의 없이도 나타날 수 있다. 예를 들어 누군가의 나이에 대한 반응으로 "훨씬 젊어 보여요!" "그 사람이 그렇게 나이가 많은지 몰랐어요." "그 나이치고는/50세치고는 아름다워 보이네요."는 흔히 하는 말이다. 그러나 이 반응은 우리가 젊어 보이는 것과 아름다움을 동일시하고 있음을 보여준다. 이러한 편견은 잠재의식 속에 깊이 박혀 있기 때문에, 이에 대해 질문하면 젊은 게 더 좋다는 의도는 아니었다는 대답이 돌아올 것이다. 분명 상대방을 모욕하려는 의도로 젊어 보인다고 말한 것은 아니다. 사회에서 은연중에 나타나는 편견을 없애지 않으면 연령 차별은 사라지지 않을 것이다.

패션계에서 흑인과 소수 민족, 노인에 대한 표현은 더디지만 긍정적인 방향으로 변하고 있다. 그러나 패션과 미디어에 장애인이 등장하는 경우는 충격적일 만큼 드물다. 영국 장애인 복지 단체인 스코프Scope의 통계자료에 따르면 영국에는 1,330만 명의 장애인이 있다.[26] 인구 통계학적으로 잠재적 영향력이 상당하지만 장애를 가진 사람들은 패션 소비자로서, 그리고 패션 광고에서 무시되어 왔다. 여기에도 예외가 있긴 했다. 1999년 『피플People』지가 선정한 가장 아름다운 50인에 이름을 올린 에이미 멀린스Aimee Mullins는 육상선수, 배우, 패션 모델이자 두 다리를 절단한 여성이다. 멀린스는 장애를 가진 자신의 모습을 세상에 드러내 이목을 집중시킨 '장애인의 자부심과 평등을 상징하는 우상'이다.[27] 멀린스는 1999년 손으로 조각한 나무 의족과 일체형 부츠를 신고 알렉산더 맥퀸의 런던 쇼 오프닝 무대에 등장하며 모델 일을 시작했다. 그 이후 멀린스는 세계 최고의 패션 사진가와 같이 일하며 세계적 패션 잡지의 표지를 장식했고 로레알 파리L'Oreal Paris의 모델이 되었다. 이렇게 멀린스가 중대한 업적을 이루었지만 패션계에서 장애인은 뒷전으로 밀려났다. 그러나 몇 가지 주목할 만한 예외도 있다. 디젤Diesel은 2014년 봄/여름 광고 캠페인에서 휠체어를 탄 패션 에디터이자 블로거인 질리언 메르카도Jillian Mercado를 등장시켰다. 2017년 가을/겨울 뉴욕 패션위크에서는 다운증후군을 가진 18세 소녀가 무대에 섰고, 파슨스 디자인 스쿨Parsons New York 학생은 휠체어 장애인의 자율권을 확보하기 위해 제작한 시티드 디자인Seated Design

으로 올해의 여성복 디자이너상을 받았다. 이러한 획기적 사건은 환영할 만한 일이지만, 장애인 모델의 기용이 기존 관행을 장기적으로 개선하지는 못했다. 패션업계가 장애인 문제를 되돌아본 것이 그저 형식적인 몸짓에 불과할 수 있다는 것이 캣 스미스Cat Smith의 견해이다. 스미스는 스타일리실리 임페어드Stylishly Impaired라는 블로그의 운영자이자, 런던 컬리지 오브 패션에서 박사 과정을 밟고 있는 나의 학생이다. 스미스는 이동성 장애를 가진 여성에 대한 장애, 옷, 패션, 정체성 사이의 관계를 연구하고 있다. 대부분의 여성과 마찬가지로 장애 여성에게 옷은 자기표현의 강력한 도구이기도 하고, 또한 옷이 장애를 둘러싼 일부 오해를 없앨 수도 있다고 스미스는 주장한다. 그녀는 소셜미디어의 가치를 강조하면서, 소셜미디어는 장애인이 자신의 개성을 알리면서 활발하게 자신을 표현하는 플랫폼의 역할을 한다고 말한다. 또한 장애인의 긍정적인 정체성이 존재하는 공동체가 만들어지는 데 도움이 된다고도 주장한다.

앞서 말했듯이, 패션 이미지는 어디에나 존재하기 때문에 대중의 의식을 형성하는 잠재력을 가지고 있다. 미디어에서 장애인 패션 모델의 이미지를 보여주면 장애와 장애인에 대한 대중의 인식에 변화를 가져올 수 있다. 상업적 패션 이미지는 그래픽 작업을 통해 '화려한 완벽함'을 표현해서 사람들이 원하게 만든다. 패션계의 관심사는 윤리적이거나 심지어 미적인 것도 아니고 경제적인 것이다. 그러나 장애를 가진 패션 모델이 미디어와 패션쇼 무대에 등장하면 신체가 온전한 사람들은 장애를 '평범'하고 익숙한 것으로 여기게 될 것이다. 게다가 패션계에서 장애인 모델을 받아들이면 장애를 가진 사람들이 자신을 '건드려서도, 쳐다봐서도 안 되는, 배제된 특별한 부류'이기보다는 세상의 평범한 일부로 여기게 될 것이다.[28]

이미 언급한 소외된 집단뿐만 아니라 이상적인 마른 몸에 부합하지 않는 사람들도 패션계에서는 배제된다. 온라인 자료에 따르면, 미국 여성의 67%가 14 사이즈 이상의 옷을 입는다.[29] 일명 '플러스 사이즈' 여성복과 여아용 아동복의 매출은 두 배나 뛰어 2016년에 214억 달러에 달했다. 얼마 전만 해도 패션 모델의 표준은 아주 마른 몸이었다. 패션에서 다양성을 확대하라는 요구의 목소리가 커지자 일부 유명 브랜드 회사는 더 이상 0 사이즈 모델을 고용하지 않겠다고 공개적으로 발표했다. 미국의 플러스 사이즈 모델인 애슐리 그레이엄Ashely Graham은 『보그』 미국판의 표지 모델로 등장했었다. 소셜미디어를 통해 성공한 그레이엄은 수십만 여성의 롤모델이 되었다. 이제 여성들은 굴곡 있는 몸이 따분한 기능성 옷 안에 감춰지는 것이 아니라 세련된 옷 안에서 환영받는 모습을 지켜보고 있다. 그런데도 이들에게 선택의 폭은 여전히 제한적이다. 선택할 수 있다 하더라도 큰 사이즈의 패션 아이템은 상점에서 찾기 어렵고 고급 패션 잡지에서는 아예 배제되어 있다. 그래서 남보다 큰 몸이라는 낙인은 패션 산업에 의해 고착화되고 사람들의 의식 속에 깊이 박혀 있다.

소외된 집단이 겪고 있는 현실을 살펴보았지만, 분명 우리 중 상당수도 이러한 집단 중 적어도 하나 이상에는 해당한다. 우리가 속한 사회 집단은 거주지, 나이, 민족, 직업, 소득과 같은 인구통계학적 특성이나, 태도, 신념, 관심사 같은 사회심리적 요인에 의해 결정되지만, 우리는 동시에 여러 범주에 속할 수도 있고 실제 속하기도 한다. 우리가 속한 사회 집단은 사회적 결속과 정체성에 의해 어느 정도 특징지어지고, 집단 구성원이 입은 옷을 통해 시각적으로 표현되는 경우가 많다.

사회 집단과 패션

우리는 동시에 여러 많은 집단에 속할 수 있고 실제로 속해 있다. 어떤 시기에 우리가 동일시하게 되는 사람은 그때 우리가 놓여 있는 상황에 따라 달라진다. 내집단은 우리가 흠모하기 때문에 속하고 싶은 집단을 말한다. 그렇기 때문에 우리가 내집단이라고 여기는 것이 다른 사람 눈에는 우리가 속해 있는 집단이 아닐 수도 있다. 상표는 브랜드를 바로 알아볼 수 있게 하는 표시이기 때문에 중요하다. 상표를 입는 것은 해당 브랜드는 물론, 브랜드의 이미지에서 그려지는 라이프 스타일 같은 브랜드의 개성과 이미지와 연결되고 싶다는 의미이다. 내집단 일부로 여겨진다는 것은 다른 사람은 물론 자기 자신도 스스로가 다른 집단(브랜드)과 구별되거나 다른 집단보다 우월하다고 여긴다는 의미이다. 그래서 유명 브랜드 회사가 차별화되는 독특한 상표와 이미지를 갖는 것은 중요하다.

옷은 인간의 경험, 문화, 사회에서 중요한 의미를 지닌다. 옷은 우리가 사회화 과정을 거치는 문화가 가진 전통, 가치, 정서, 이념을 반영하고 상징한다. 우리는 우리가 속한 사회 집단으로부터 지지와 소속감을 얻는다. 사회 집단은 고유의 특수성, 즉 실체성entitativity으로 정의될 수 있다.[30] 실체성은 '집단 구성원 자신이나 다른 사람이 생각할 때 소속된 사람들 전체가 하나의 집단이라는 지각'을 의미한다.[31] 내집단 실체성에 대한 지각이 강하면 집단 구성원은 집단 자존감을 유지하고 개인의 심리적 욕구를 만족시키기가 쉬워진다. 외집단 실체성에 대한 지각은 외집단에 대한 친사회적 행동이나 반사회적 행동으로 이어질 수 있다. 집단의 실체성에 영향을 미치는 요소로는 구성원 간 유사성, 상호 작용과 소통, 상호 의존, 체계가 있다. 그러나 구성원이 단순히 내집단의 다른 구성원들과 비슷하다는 '느낌'만 가지면 이러한 요소들이 없어도 집단은 계속해서 존재할 수 있다. 이는 사회 집단에 소속되어 느끼는 만족감이 긍정적 자아 개념을 형성하는 데 중요하다는 사회 정체성 이론과 일맥상통한다. 의도적이든 아니든, 우리가 입고 있는 옷은 우리를 특정 사회 집단, 즉 내집단과 묶어주고 다른 집단, 즉 외집단과는 분리한다. 패션을 통해 우리는 다르다는 이유로 눈에 띄거나 같다는 이유로 어울릴 수 있다.

패션 하위문화는 문화라는 넓은 집합에 속한 하나의 부

분 집합으로, 다른 집단과 구별되는 옷과 외모상의 특징을 지닌 집단이다. 하위문화의 구성과 특징은 인구학적 요소나 구성원의 독특한 외모로 정의될 수 있다. 하위문화는 자기들만의 독특함을 추구한다. 스스로는 유행을 좇지 않는다고 주장할지도 모르지만 이들은 옷을 입는 방식을 통해 주류와 차별화한다. 우리는 패션을 통해 사회 정체성, 즉 사회적 세계에 대한 소속감을 느낄 수 있다. 집단에 소속되고 싶은 욕구 때문에 옷 입는 방식을 바꾸는 경우도 있지만, 보통은 우리가 이미 가지고 있거나 갈망하는 특성을 보이는 집단을 선호한다. 최신의 유행을 따르면 '유행에 민감한' 집단의 구성원이 될 수 있다. 여기에 패션의 딜레마가 있다. 패션은 보통 남들과는 달라 보이고 싶은 욕구로 설명되기 때문이다.

1990년대 후반에 스타일이라고 정의할 수 있는 청소년 문화는 이모셔널emotional의 준말인 이모emo였다. 이모 스타일은 1980년대 중반 워싱턴에서 시작된 펑크록 운동에서 비롯되었다. 이모로 알려진 1990년대 음악 장르는 우울한 록 멜로디가 특징이며 2000년대 초반에 인기를 끌었다. 지미 잇 월드Jimmy Eat World, 대시보드 컨페셔널Dashboard

Confessional, 마이 케미컬 로맨스My Chemical Romance 같은 밴드는 많은 10대 팬을 끌어모았으며 이러한 움직임은 이모 패션 운동으로 진화했다. 이모 패션은 굽이 낮은 신발, 스키니 진, 검은 뿔테 안경과 검은 아이라인, 금속 단추 장식이 달린 벨트, 몸에 딱 맞는 후드 티, 빈티지 밴드 티셔츠가 특징이다. 이후 남성들 사이에서 스트리트 패션의 인기가 치솟았다. 이들은 무언가 '쿨'한 것에 '소속'된 것처럼 보이고 싶어 하지만 실제로 존재하는 하위문화가 없기 때문에, 옷과 브랜드 외에는 어떠한 문화적 연결고리가 없는 옷과 브랜드를 선택한다. 물론 이것도 하나의 표현이라 할 수 있다.

슈프림Supreme 같은 브랜드는 고의로 고객들이 이 브랜드를 '가질 만큼 쿨하지 않다'는 기분을 느끼게 하며 공격적으로 무관심을 양성한다. 슈프림은 고객이 상품을 사는 즉시 브랜드처럼 '쿨'해졌다는 느낌을 들게 하는 것이 아니라, 고객들이 '쿨'해지고 싶다는 열망을 가지게 한다. 슈프림의 옷을 입는다고 슈프림의 내집단에 들어가는 것이 아니라 내집단에 들어가고 싶게 만든다. 사람들은 손에 쥐는 것보다는 좇는 것을 즐기기 때문에 이렇게 소비자를 조종하는 마케팅은 영리한 전략이다. 슈프림이라는 브랜드가 제시하는 것만큼 '쿨해지려고' 노력하는 일이 실제로 그 브랜드에 속하는 것보다 소비자에게는 더 흥미로운 일이다. 이들의 전략은 우리가 성공할 때까지 계속해서 노력하라고 부추긴다. 욕구는 '보상' 신경 전달 물질인 도파민의 분비를 촉진해서 즐거움과 강화를 느끼게 한다. 이러한 감정은 슈프림이라는 브랜드만큼 쿨해지려고 노력하는 특정 행동을 유발하거나 그 행동을 계속하도록 자극한다. 도파민은 우리가 즐거운 자극을 기대할 때도 분비된다. 이는 도파민이 즐거움보다는 욕구와 관련이 있다는 사실을 알려준다. 연구에 따르면, 도파민은 보상이 될 수도 있고 위협이 될 수도 있는 핵심 정보를 우리에게 알려주기 때문에 의사 결정에 중요한 역할을 한다. 도파민은 복잡한 신경 전달 물질이다. 우리의 행동에 영향을 미치는 도파민의 역할에 관심 있는 독자는 관련 자료를 꼭 읽어 보기 바란다.

분명 패션이라는 세계는 패션쇼 무대를 초월해 존재한다. 이 책에서는 패션 브랜드를 중심으로 패션 하위문화의 몇 가지 사례를 간략히 설명했다. 전 세계적인 관점에서 패션을 바라보고 싶다면, 수상 경력의 사진작가 다니엘레 타마그니Daniele Tamagni의 『패션 부족Fashion Tribes』을 추천한다. 이 책은 보츠와나의 헤비메탈 로커, 요하네스버그의 힙스터, 콩고의 댄디, 볼리비아의 여성 레슬링 선수, 쿠바의 '블링블링' 젊은이, 미얀마의 펑크 로커에 관한 내용을 담고 있다. 이들이 자신이 속한 사회에서 어떻게 소외되고 자신만의 스타일을 표현함으로써 어떤 식으로 이에 응수하는지 이 책에 자세히 그려진다.

맺으며

이번 장에서는 자아와 정체성과 관련된 패션의 역할과 영향을 중점적으로 살펴보았다. 자아와 정체성에 대한 심리학적 개념과 이론에 대해 설명하고 이것들이 패션, 사회 집단, 하위문화와 어떻게 연관되어 있는지를 설명했다. 자아와 정체성에 대해서는 다양한 이론이 존재하고, 이러한 이론을 이해하면 인간 행동을 보다 잘 예측할 수 있다. 우리의 자아 개념과 자존감은 서로 밀접하게 연결되어 있고, 이 둘은 다른 사람의 피드백에 영향을 받는다. 패션 미디어는 많은 집단을 소외시킬 수 있고 이 과정에서 자연스럽게 소외 집단에 대한 부정적인 편견을 키운다. 우리는 스스로를 긍정적으로 바라보는 자기 고양 전략을 이용하고 바람직한 사회 집단과 하위문화에 소속됨으로써 우리에게 해로운 경험에 대응하고 자아와 정체성을 향상하려고 노력한다. 패션과 자아는 서로 단단하게 얽혀 있다. 우리는 옷으로 우리의 정체성을 정립할 수 있지만, 우리가 어디까지 할 수 있는지는 복잡한 문제일 뿐만 아니라 많은 요소의 영향을 받는다. 다음 장에서는 우리가 어떤 옷을 왜 입는지, 그리고 옷이 행동에 어떤 영향을 줄 수 있는지에 대해 알아볼 것이다.

05
어떤 옷을 살까?

패션 소비자의 행동을 이해하는 데 심리학의 역할이 중요하다는 점은 무시할 수 없다. 쇼핑 행동의 원인을 연구하는 심리학자에 따르면 우리가 쇼핑하는 이유는 다양하다. 욕구를 충족하기 위해서 쇼핑하기도 하고 단순히 재미로 물건을 사기도 한다. 마케팅 담당자의 역할은 상품 판매를 늘리는 일이다. 심리학에 대한 이해가 높은 마케팅 담당자는 소비자의 욕구를 정확하게 파악하고 소비자가 욕구를 만족시킬 방법을 보여준다. 이때 소비자에게 특정 상품이나 서비스를 구매하면 만족감을 얻게 될 것이라고 홍보하고,

미래에 부정적인 감정이 드는 일은 없을 것이라 약속한다. 이렇게 간단하면 얼마나 좋을까. 한 연구에서 가지고 있는 것을 좋아하는 것과 좋아하는 것을 갖는 것의 차이를 조사했다. 그 결과, 소비로 인한 만족과 즐거움은 물건 자체보다는 쇼핑 경험과 관련된 동기 부여로 인한 것이었다. 유혹에 굴복해 나중 일은 생각하지 않고 충동적으로 구매하기는 쉬운 일이다. 패션 분야에서 일하는 심리학자는 소비자에게 정보를 알려주고 판단력을 갖추게 해서 더 지각 있는 소비를 하게 만드는 것을 목표로 삼고 있다. 이와 생각이 같은 영국 디자이너 비비안 웨스트우드Vivienne Westwood는 이렇게 말했다. "적게 사고 잘 골라 오래 입자. 양이 아니라 질이다. 모두가 지나치게 많은 옷을 사고 있다."[1]

패션을 위한 쇼핑

현대의 많은 집단은 '소유하는 것이 곧 존재하는 것이다'라는 강한 믿음을 가지고 있다. 그래서 사람들은 소유물을 기준으로 스스로나 다른 사람을 규정한다. 영국에서 쇼핑은 가장 인기 있는 여가 활동이다. 남성복에 대한 관심이 최근 증가하긴 했지만 의류 쇼핑은 여전히 남성보다는 여성에게 인기 있는 취미 생활이다. 그러나 남성 패션의 수요가 증가하고 탄탄한 남성의 몸을 보여주는 이미지에 많이 노출되면서 남성 역시 취미 삼아 옷 쇼핑을 즐기고 있다. 그러나 여전히 여성이 남성보다 옷을 더 많이 산다. 그 이유는 아주 어린 나이부터 여성은 외모로 평가를 받고 남성은 기술이나 능력으로 평가를 받기 때문이다. 그래서 많은 여자아이와 여성은 예뻐 보이는 것을 목표로 삼고 자신과 자신의 몸이 가장 매력적으로 보일 수 있는 옷을 찾게 된다. 패션의 긍정적인 면은 패션을 이용해 자신의 장점은 강조하고 감추고 싶은 부분은 가리면서 외모를 바꾸고 정체성을 표현하며 자신감을 북돋을 수 있다는 점이다. 패션 소비에 남성의 관심이 증가하고는 있지만 남성이 여성과 같은 수준으로 옷과 액세서리 쇼핑을 즐긴다고 말하기는 힘들다. 『텔레그래프Telegraph』에 실린 2013년 논문에 따르면, 남성의 80%가 파트너와 쇼핑하는 것이 싫다고 답했고 45%는 무슨 수를 써서라도 쇼핑은 피한다고 말했다.[2] 이 연구에 따르면 모든 커플의 절반이 쇼핑을 하러 같이 갔을 때 결국엔 다투게 된다고 한다. 남자 쪽에서 지루하고, 배고프고, 목마르다고 불평하거나 밖으로 나가고 싶다고 하기 때문이다.

의류 소비자는 실용적 이유나 쾌락주의적 이유로 쇼핑한다. 실용적 이유로 쇼핑하는 사람은 쇼핑 속도가 빠를 것이다. 쾌락주의적 이유로 쇼핑하는 사람은 쇼핑 경험 자체에서 기쁨을 느끼기 때문에 쇼핑을 즐기면서 물건을 많이 산다. 실용적인 의류는 기후를 비롯한 환경적인 요소로부터 몸을 보호하고 극한 조건에서 최적화된 기능을 발휘한다. 그러나 단순히 실용적인 이유만으로 이런 의류를 구매하는 것은 아닐지 모른다. 기후나 환경에 노출 시간이 길어져도 향상된 성능을 약속하는 스포츠웨어와 아웃도어 의류 시장이 계속해서 성장하고 있다는 사실은 실용적이면서도 세련된 아이템에 대한 수요가 증가하고 있음을 증명한다. 피츠퍼레이션fitspiration(운동하도록 동기 부여하는 콘텐츠 – 옮긴이 주) 운동도 요즘의 이러한 추세에 일조하고 있다.

지난 몇 년 동안 건강과 안녕감에 대한 관심이 높아지면서, 이상적인 마른 몸을 대체하는 '탄탄한' 몸이 남성과 여성 사이에서 주목받고 있다. 이는 극도로 마른 몸에 대한 열망보다는 언뜻 신체적으로 건강한 듯 보이지만, 몸이나 외모에 대한 어떠한 집착도 심리적으로는 건강하지 않은 것이며 정신적 건강 문제로 이어질 수 있다. '피츠퍼레이션'은 콘텐츠를 보는 사람에게 몸에 좋은 음식과 운동을 권해서 건강한 생활방식을 갖도록 자극하는 것으로 요즘 점차 부상하고 있다. 그러나 여행 이미지와 피츠퍼레이션 이미지가 여성의 신체상에 미치는 영향을 비교한 연구에 따르면, 피츠퍼레이션은 겉보기에는 긍정적이고 획기적인 발상 같지만 의도치 않게 신체상에 부정적인 영향을 줄 수 있는 것으로 밝혀졌다.[3] 피츠퍼레이션의 인기와 더불어 새롭게 등장한 기회를 패션 산업이 놓칠 리 없다. 도시의 교통수단으로 자전거 사용이 늘자 패션 업계는 신체 보호가 목적인 옷과 헬멧에 새로운 옷감과 디자인을 적용해 유행을 이끄는 패션 아이템으로 만들었다. 애슬레저athleisure는 피츠퍼레이션 운동과 관련된 패션 개념으로, 일상에서 입을 수 있는 가벼운 운동복을 뜻한다. 애슬레저 덕분에 스포츠웨어 시장이 모든 패션 분야를 통틀어 가장 빠르게 성장하는 시장으로 부상하고 있다.

우리는 패션을 통해 몸의 특정 부분을 가려서 정숙한 모습을 지킬 수 있다. 물론 정숙하거나 그렇지 못한 것은 주관적인 문제일뿐더러, 일반적으로 시대정신에 따라 그 기준이 달라진다. 특히 여성복 패션은 신체의 과다 노출과 정숙함의 양극단을 끊임없이 오간다. 노출이 심한 옷이 만들어지는 이유는 여성을 성적으로 끌리게 만들어 결국 더 매력적으로 보이게 하려는 것이다. 그러나 이로 인해 자존감이라는 개념이 얼마나 많은 살을 드러냈는가에 의해 결정되는 요소로 전락할 수 있다. 여성 개개인은 특정 상황에서 자기 몸의 특정 부분을 얼마나 드러낼 것이지 혹은 가릴 것인지에 대한 나름의 기호가 있다. 이러한 기호는 보통 그 사람의 사회화 과정과 문화에서 받은 영향에 의해 결정된다. 모디스트 패션modest fashion(현 패션 트렌드에서 벗어나지 않으면서 노출을 최소화하는 스타일로, 최근 젊은 무슬림 여성들 사이에서 인기를 끌고 있는 패션 – 옮긴이 주)으로 일컬어지는 패션에 관심이 점차 증대되고 있다. 이 패션은 패션 이미지에서 여성은 물론 점차 남성까지도 성적 대상화하는 것에 대한 반발로 일어났을 수 있고, 혹은 종교나 민족 집단에 소속되어 있음을 노골적으로 드러내고자 하는 욕구에 의해 나타났을 수도 있다. 우리는 우리의 소속을 장신구나 액세서리를 통해서도 나타낼 수 있다. 피어싱, 문신, 보석과 같이 몸에 물리적 변화를 주는 형태일 수도 있고, 모자, 신발, 스카프, 장갑, 옷 장식, 가방 등의 형태일 수도 있다. 사람들은 자신의 매력이나 지위, 자존감을 높이기 위해 장신구를 사용하기도 한다. 장신구를 원래 가지고 있는 옷과 맞추면 옷이 더 주목받거나 세련되어 보인다. 게다가 액세서리를 살 때는 사이즈를 따질 필요가 없다. 신체 치수에 상관없이 누구나 유행을 좇고 싶은 마음을 실컷 채울 수 있다. 알다시피 가방은 누구에게나 잘 맞는다.

패션의 본질은 끊임없이 새로운 모습을 보여주는 것이다. 뇌는 '평범'하거나 익숙한 것에는 관심이 없고, 새롭고 낯선 것에 집중하므로 패션의 이러한 특성은 소비자에게 큰 매력으로 다가온다. 마케팅 담당자는 이러한 사실을 이용해 소비자의 이목을 끈다. 새로운 것을 보면 도파민 체계를 비롯한 뇌의 여러 기능이 활성화된다. 도파민은 기분을 좋게 하기보다는 무언가를 더 많이 원하게 만든다. 그래서 초콜릿, 돈, 섹스, 패션 아이템 중독 같은 수많은 중독을 만들어낸다. 그러나 동물 실험 결과에서 나타나듯이, 도파민을 분비시키는 것은 새로움 그 자체가 아니다. 새로움을 찾겠다는 동기 부여가 생길 때 도파민 수치가 증가한다. 새로움을 원하는 심리는 패션의 근본적인 원칙이며, 본질적으로 만족을 모르는 소비문화와 새로운 옷에 대한 끊임없는 욕구를 설명해 준다.

불안한 경제 상황에도 불구하고 패스트패션과 명품 브랜드에 대한 수요는 나날이 증가하고 있다. 소비자가 명품을 사는 이유는 다양하다. 사회적 지위를 획득하거나 유지하기 위해, 혹은 경제적 우월성을 드러내려 사기도 하고, 다른 사람들에게 인상을 남기거나 질투심을 유발하려는 이유로 구매하기도 한다. 하이패션은 손쉽게 브랜드 홍보로 이어진다. 최근에는 패션 모델이 상품과 브랜드를 홍보하는 셀러브리티가 되고 있다. 패션 소비자는 자신들이 원하는 브랜드 정체성을 성공적으로 보여주는 모델을 힘 있는 소비자인 '슈퍼컨슈머'로 보기도 한다. 결과적으로 이러한 현상은 상품이나 브랜드에 대한 소비자의 인식에 영향을 주는데, 특히 상품의 특징이 셀러브리티의 이미지와 잘 들어맞을 때 더욱 그렇다. 무명 배우보다 셀러브리티가 더 강한 영향력을 지니기 때문에 셀러브리티를 활용한 홍보는 효과적인 소통 방법으로 인정받고 있다. 셀러브리티 홍보를 활용하는 목적은 소비자의 관심을 끌어 브랜드와 호의적인 관계를 맺게 하기 위해서다. 광고업계에서 셀러브리티 홍보는 아주 흔하게 쓰이는 현대 마케팅 방법으로 알려져 있다.[4] 영국과 미국에서는 셀러브리티를 활용한 상품 홍보가 증가하고 있다. 이러한 홍보 방식이 긍정적인 효과를 가져와 향후 세계적인 광고 캠페인의 발판이 될 수도 있기 때문이다. 브랜드나 상품을 홍보하는 셀러브리티는 해당 분야의 전문가로 여겨져야 하므로 모델은 패션 브랜드 홍보에 적임자이다. 더군다나 패션 모델은 대부분 외모가 매력적이기 때문에 외모 외에도 다른 긍정적이고 바람직한 성격이나 자질을 갖추었다고 여겨진다. 그러나 소비자의 상품 구매 여부는 셀러브리티가 그 상품을 홍보하는 것을 소비자가 얼마나 '좋아하는지'에 따라 결정된다. 오늘날의 셀러브리티 문화에서는 브랜드의 이미지와 개성을 잘 표현하는 셀러브리티가 그 브랜드의 선택을 받는다. 이는 패션뿐만 아니라 다른 업계에서도 일어나는 일이다. 패션업계의 이러한 상품에는 옷, 향수, 액세서리 등이 있다. 우리는 패션 잡지를 보면서 셀러브리티가 가진 가방을 우리도 '가져야 한다'고 생각한다. 그리고 가방은 몸 사이즈에 '맞아야' 하는 것이 아니기 때문에 셀러브리티가 든 가방을 직접 들고 있는 자신의 모습을 쉽게 상상할 수 있다. 따라서 우리는 가방을 가지고 싶다고 쉽게 설득되며 결국에는 구매로 이어진다. 최근에는 인스타그램에서 수십만의 팔로워를 거느린 블로거와 모델이 셀러브리티를 대신해 브랜드와 상품을 홍보하는 역할을 하고 있다.

과시적 소비는 공개적으로 경제력을 과시하고 다른 사람과 경제력을 겨루려고 명품과 호화로운 서비스를 구매하는 것을 뜻한다.[5] 백 년 전만 해도 과시적 소비는 낭비라는 이유로 비난받았다. 오늘날에도 최소한 10%의 여성복은 한 번도 입은 적 없거나 더 입지 않는 옷이라고 한다. 과시적 소비 이론은 낙수 이론과 함께 설명되어 왔다. 낙수 이론은 낮은 사회 계층의 사람들이 높은 지위에 오르고 싶은 마음에 높은 사회 계층에 속한 사람들의 패션을 따라하고 받아들이기 때문에 패션은 상위 계층에서 하위 계층으로 흐른다는 주장이다. 그 결과, 높은 사회 계층의 사람들은 새로운 패션을 선택해서 차별화를 꾀한다.

20세기에 하이패션은 사회·경제 계층을 막론하고 접근이 쉬워졌다. 최근에는 하이패션이 상류층에서 아래로 흐르는 것이 아니라, 스트리트 패션과 젊은 하위문화에서 하이패션이 발달하고 있다. 특히 1980년대에는 오트쿠튀르에 주력하던 패션 브랜드들이 기성복 컬렉션을 만들기 시작하면서 더 다양하고 많은 사람들이 이 브랜드의 상품을 구입할 수 있게 되었다. 이러한 확장으로 인해 사회·경제적 지위의 구분이 어느 정도는 모호해졌다. 그러나 사용되는 소재를 보면 여전히 계층을 구분할 수 있다. 이제는 패션이 너무도 흔해져 과시적 소비와는 반대되는 개념의 비과시적 소비라는 말이 생길 정도이다. 찢어지고 닳아 해진 청바지와 티셔츠같이 1960년대에 10대들이 많이 입었던 옷이 다시 유행하고 있다. 차이점이라면 1960년대에는 청바지를 오래 입어서 실제로 닳아 해진 것이지만, 지금은 소비자들이 일부러 해지게 만든 신상품 청바지를 사서 입는다는 점이다.

소비자 심리학을 연구하는 학자에 따르면, 어떤 물건을 살지 결정할 때 중요한 요소는 가격, 브랜드 이름, 상점 이미지와 같은 상품의 외적 특성과, 스타일, 색깔, 원단, 의류 관리법, 몸에 잘 맞는지 여부, 재질과 같이 상품이 가지고 있는 고유의 특성이다. 그리고 옷에 대한 미적 평가는 옷의 선호에 영향을 주는 요소 중 아주 작은 부분에 지나지 않는다고 한다.[6] 옷은 어떠한 사건과 연관되는 경우에 특별한 의미를 지니게 된다. 여성은 옷에 상징적인 의미를 부여하며 옷과 애착을 형성한다. 예컨대 입었을 때 자신을 특별하게 보이게 하고, 느끼게 한다는 의미를 옷에 부여한다. 반면 남성은 옷을 입었을 때 자신이 어떻게 보이고 느끼는지보다는 활동이 편한 옷에 애착을 갖는다.

재미로 쇼핑하는 것을 좋아하는 사람은 충동 구매를 하고 후에 죄책감을 느낄 확률이 높다. 충동 구매자는 보통 자신의 감정을 통제하는 데 어려움을 겪기 때문에 다른 사람보다 사고 싶은 충동을 억누르기가 힘들다. 이들은 공허함, 낮은 자존감, 불안감, 지루함, 외로움, 분노와 같은 부정적인 감정을 회피하기 위해 쇼핑을 할 수도 있다. 또는 이룰 수 없는 이상적인 이미지를 좇거나 다른 사람 눈에 비친 자신의 모습을 더 나아 보이게 하려고 쇼핑을 하기도 한다. 쇼핑에 빠지면 부정적인 감정이 흐려지고 일시적으로 통제의 감정을 느낄 수 있다. 그러나 고통스러운 감정이 다시 나타나면 쇼핑 충동도 다시 생겨난다. 심리학자에 따르면, 우리가 죄책감을 느낄 때는 문제의 행동을 고치기보다는 오히려 죄책감을 느끼게 한 행위를 계속하려는 충동이 생겨난다고 한다. 심리학자는 죄를 짓고 후회하는 감정 때문에 이러한 결과가 나타나며, 이로 인해 뇌에서 욕구에 대한 생각이 생겨나고 결국 뇌는 도파민을 방출하여 우리가 더 많이 원하도록 충동질한다고 주장한다. 또한 죄책감은 유혹에 끌리는 마음을 더욱 강화하는 것 말고도, 한 번의 실수로 모든 것을 포기해 버리는 마음을 갖게 할 수도 있다. 충동 구매가 습관이 되면 구매자의 심리적, 신체적, 사회적 안녕감에 손상을 줄 뿐만 아니라 강박적 구매장애로 이어질 수도 있다.

강박적 구매장애는 일반적으로 10대 후반에서 20대 초반에 나타나기 시작한다. 이 시기에 집을 떠나 처음으로 신용카드를 갖게 되기 때문일 수 있다. 강박적 구매장애를 앓는 사람의 최대 92%가 여성으로 추정된다. 물론 남성이 직접 나서서 자기 보고를 하는 경우는 흔치 않기 때문에 이러한 성차가 생길 수도 있다.[7] 2006년 미국에서 2,513명의 성인을 무작위로 선정하여 전화로 설문조사를 한 결과, 응답자의 5.8%가 자신을 강박적 구매자로 분류했다.[8] 강박적 구매장애는 쇼핑에 집착하고 구매 전에는 긴장감이나 불안감을 느끼다가 구매 후에 안도감을 느끼는 것이 특징이다. 그러나 강박적 구매자는 물건을 산 후에 처음에만 긍정적인 감정을 느끼다가 이내 불안감이나 죄책감을 느끼기 때문에 결국 구매한 물건을 매장에 반품하고 다시 쇼핑을 시작한다. 이러한 일이 생기거나 구매자가 원하는 물건을 찾지 못할 경우, 더 열심히 같은 일을 반복하도록 자극을 받는다. 욕구가 오래 지속될수록 욕구와 관련된 도파민 수치가 계속 상승하기 때문이다. 이 연구 결과는 신경과학으로도 설명된다. 신경과학에서는 강박적 구매를 하는 사람들이 쇼핑하는 동안 엔도르핀과 도파민에 의해 '보상'을 받기 때문에 시간이 지남에 따라 쇼핑에 중독된다고 말한다.

많은 사회적, 문화적 요소들이 쇼핑과 소비 중독의 위험을 가중하는 상황에서 쇼핑과 소비 중독에 빠진 미국인이 1,500만 명이 넘는다는 사실은 놀랍지 않다. 현대 사회의 물질 중시 풍조가 쉬워진 신용 거래와 옴니채널 쇼핑(소비자가 온오프라인, 모바일 등 다양한 경로를 넘나들며 상품을 검색, 구매할 수 있는 서비스 – 옮긴이 주)과 결합하여 이제 소비자에게 24시간 내내 쇼핑하라고 부추긴다. 강박적 구매자는 자신이 원하는 것을 사기 위해서라면 무엇이든 지불할 용의

가 있고, 아무리 나쁜 결과를 초래할지라도 흥청망청 쇼핑하는 것을 멈추지 않는다. 이들은 가격표와 영수증을 감추거나 없애고 돈을 얼마나 썼는지에 대해 거짓말을 하기도 한다. 이러한 과정에서 자신이 통제하고 있다는 느낌이 들지만, 쇼핑 중독으로 인해 빚을 지고 때로는 파산까지 하게 되므로 실제로는 통제 불능 상태인 셈이다. 돈이 부족해도 이들의 쇼핑을 막지는 못한다. 중독으로 인한 통제 욕구와 즉각적인 희열과 스트레스, 불안, 우울로부터의 해방감이 훨씬 압도적이기 때문이다. 사실 돈이 부족하면 그에 따른 스트레스로 인해 중독은 더 악화된다. 쇼핑과 소비 행동 자체만으로도 행복감과 자신의 영향력을 느낄 수 있다. 이러한 감정은 일시적이긴 하지만 즉각적인 희열을 준다. 그리고 몇 분 후면 후회와 죄책감이 몰려온다. 그러나 이 감정은 또 다른 구매를 부르고, 그러면 짧지만 강렬한, 감정적 황홀감이 다시 찾아든다.

강박적 구매장애를 겪는 사람은 완벽하거나 찾기 힘든 아이템을 끊임없이 찾아다닌다. 충동 구매와 마찬가지로, 강박적 구매장애는 기분장애, 불안장애, 약물 남용, 섭식장애를 비롯한 충동조절장애와 관련이 있다. 강박적 구매장애를 지닌 사람 18명을 조사한 연구 결과를 보면, 이들 중 한 명을 제외한 모두가 부모, 형제, 자녀 중 주요 우울증을 앓는 사람이 적어도 한 명 이상 있었고, 절반 이상이 알코올이나 약물 문제를 겪었으며, 세 명이 불안장애를 앓고 있었다.[9] 또 다른 연구에 따르면, 강박적 구매장애를 가진 사람 33명의 부모, 형제, 자녀 중 137명은 보통 사람보다 알코올이나 약물과 관련된 심리적 장애나 우울증을 앓을 확률이 훨씬 높았다.[10]

강박적 구매장애의 치료제로 선택적 세로토닌 재흡수 억제제가 사용되고 있기는 하지만, 가장 효과적인 치료법은 심리 치료와 집단적 지지라는 연구 결과가 있다. 강박적 구매장애는 자기 형편에 맞지 않게 과도한 소비를 하는 사람에게만 국한되지 않는다. 쇼핑하는 데 지나치게 많은 시간을 보내는 사람이나 집착적으로 물건을 사야겠다는 생각을 하지만 절대 사지 않는 사람도 포함된다. 강박적 구매자는 급박함이나 불안감을 느끼는 정도가 갈수록 심해지고 이는 물건 구매를 통해서만 해결된다. 패션 산업의 변화 속도를 보면 새로움은 결코 멀리 있지 않다는 것을 알 수 있다. 이는 특히 패스트패션 시장에 해당하는 이야기이다.

지속 가능한 패션

지속 가능한 패션은 패스트패션에 대항하는 운동이다. 패스트패션은 미국에서 1980년대 상품 중심의 생산 개념이 1990년대 후반 시장 기반의 공정으로 바뀌면서 탄생했다. 패션 산업의 문제점은 패션 제조와 생산 기지를 현지에서 동아시아로 이전하면서 눈에 띄게 뚜렷해지고 있다. 염색 과정에서 사용된 화학 약품이 옷을 헹굴 때 빠져나와 강을 오염시키고, 사회적으로 책임질 수 있는 방식으로 사용되어야 할 소중한 토지와 수자원이 면 재배를 위해 쓰인다. 이에 더해 열악한 근로 환경도 여러 노동력 착취 사건에서 보고된 바 있다. 이러한 상황을 고려하면, 패션이 환경에 미치는 영향을 줄이자는 지속 가능한 패션 철학은 지지해야 마땅하다. 지속 가능성에 걸림돌이 되는 것이 바로 패스트패션 산업이다.

의류 회사의 이윤에 대한 욕구와 소비자의 새로운 옷에 대한 욕구가 만나 만들어진 패스트패션은 과잉소비를 부추긴다. 해마다 점점 더 많은 컬렉션을 선보일수록 패션은 금세 구식이 된다. 최신 유행하는 옷을 입고 싶어 하는 소비자의 요구를 충족하기 위해 패스트패션 브랜드는 패션쇼 무대에 섰던 옷을 바로 베껴 몇 시간 내에 저렴하고 유행하는 디자인으로 만들어 온라인이나 오프라인에서 선보인다. 이렇게 하려면 공급망이 싼값에 빠르게 운영되어야 한다. 패스트패션 브랜드의 목표는 평범한 패션 소비자가 최신의 패션 스타일을 저렴한 가격에 구매하게 하는 것이다. 패스트패션은 한철 입고 버리는 싸구려 패션이자 환경 파괴의 원인이다. 패스트패션에 대한 반발로 일어난 슬로 패션 운동에서는 패스트패션의 제조 및 생산 공정으로 인해 사회와 환경이 파괴되고 있다고 주장한다. 이러한 옷은 가격이 싸고 쉽게 구할 수 있기 때문에 품질이 떨어지는 경우가 대부분이다. 그런데도 저렴한 가격 때문에 소비자는 필요한 것보다 더 많이 사고 싶은 마음이 생기고 결국엔 과잉소비를 한다. 그러나 패스트패션 아이템은 품질이 낮기 때문에 좋은 품질의 옷보다 더 자주 사 입어야 하고, 과잉소비의 원인이 된다. 그 결과, 팔다 남은 재고와 한두 번 입다 만 옷은 버려져서 결국 쓰레기 매립지로 향한다.

영국의 평균 가정은 일년에 1,700파운드를 의류 구매에 지출하지만 그중 실제로 입는 옷은 70%밖에 되지 않는다. 약 1억 4천만 파운드 상당의 옷이 매년 쓰레기 매립지로 향한다. 버려지는 옷들 대부분이 패스트패션 브랜드이다. 지속 가능한 패션을 지지하는 활동가들은 우리가 사는 모든 제조된 물건이나 서비스가 환경에 유해하다고 주장한다. 또한 개인이 특정 구매나 경험을 할 여유가 있는지만 따지지 말고, 지구가 그것들을 우리에게 제공할 여력이 있는지도 고민해 봐야 한다고 강조한다. 이 활동가들은 심리적 안녕감은 물질적 풍요로부터 비롯되지 않는다는 사실을 소비자가 깨달아야 한다고 말한다. 연구 결과에 따르면, 행복은 생활 수준이 아니라 우리가 삶의 방식에 부여하는 태도, 가치, 기대로 인해 생겨난다. 패스트패션의 폐해에 대한 인식을 높이는 일은 십 년이 넘는 기간 동안 중요한 사안으로 여겨졌지만, 변화의 속도는 매우 느리다. 그 결과, 패스트패션 브랜드가 돈을 계속해서 긁어모으는 동안, 열악한 근로 환경은 고착되고 환경은 끝없이 고통받고 있다.

영국에서만 매년 백만 톤 이상의 옷감이 버려지는 것으로 추정된다. 이 중 적어도 50%는 재활용할 수 있지만 25%만이 수거되어 재활용된다. 더 많은 원단과 옷 폐기물을 거두어들이면 쓰레기 매립지는 물론 천연자원에 대한 수요도 줄일 수 있다. 파타고니아Patagonia, 막스앤스펜서Marks and Spencer, 아르마니 진스Armani Jeans 같은 일부 브랜드는 재활용된 재료를 생산 공정에 활용하고 있다. 개인 소비자는 자신의 옷을 새활용upcycling하거나 재활용하여 패션을 보다 지속 가능하게 만들 수 있다. 새활용은 이미 존재하는 물건을 개선해서 새로운 것으로 만드는 창의적인 과정으로 비용 효율이 높다. 새활용은 옷과 원단 폐기물을 사용해 새로운 물건을 만들기 때문에 그 자체로 지속 가능하다. 재활용은 가지고 있는 옷의 수명을 늘리는 일이다. 옷을 자선 단체에 가져가고, 자기 집 앞이나 온라인 중고물품 거래 사이트를 통해 팔고, 중고 옷 가게에 기부하고, 되가져가기 캠페인 가게에 가져가는 일 등이 포함된다. 2016년 『네이처Nature』에 실린 한 기사는 과잉 생산과 수요 사이의 불균형을 바로잡고자 한다면 검소한 혁신frugal innovation(고갈되어가는 자본을 최소한으로 쓰면서 더 많은 비즈니스와 사회적 가치를 창조해내는 것 – 옮긴이 주)이 어디에서나 일어나야 하고 적절한 보상을 받아야 한다고 주장했다.[11] 소비자와 생산자는 자발적 비非소비 행위를 자존감의 새로운 기표로 활용하여 검소한 혁신을 추구할 수 있다.

빈티지 패션의 인기가 계속된다는 것은 재활용된 옷이 새로운 주인을 만나 수명이 길어졌다는 뜻이다. 어떤 사람은 빈티지 옷을 과거의 향수를 불러일으키는 보물을 발견한 것처럼 대하지만, 어떤 사람은 원래 주인이 더 이상 원치 않거나 세상을 떠나서 버려진 오래된 옷이라고 생각할 수 있다. 빈티지를 정말로 좋아하는 사람은 그 옷을 입는 순간만큼이나 그것을 찾아다니고 발견하는 경험도 즐겁게 여긴다. 그렇지 않은 사람은 옷에 부정적인 연상을 떠올려 만지는 것조차 꺼린다. 이러한 차이가 생기는 이유는 여러 가지가 있겠지만, 그중 하나를 꼽자면 전염이라는 개념 때문이다. 우리가 셀러브리티 홍보와 브랜드의 개성(긍정적 전염)에 영향을 받듯이, 옷의 이전 주인과 관계된 것이나 연상되는 것과 같은 부정적 전염에도 영향을 받을 수 있다. 이런 의미에서 전염은 심리적 본질주의와 관련이 있다. 심리적 본질주의는 인지의 기본 구성 요소인 범주화를 뒷받침하는 이론으로, 무형의 보이지 않는 내면의 본질이 범주에 속하는 것들의 외형과 행동을 결정한다는 믿음이다. 이 개념은 어린이 장난감[12]과 장기 이식[13]과 관련하여 사람들이 교체를 어떻게 받아들이는가를 조사해서 연구되었다. 연구 결과에 따르면, 사람들은 장기 이식을 받은 수혜자의 성격이 기증자의 성격처럼 변할 것이라고 믿었다. 요즘 장기 이식에 쓰이는 돼지 심장을 이식받은 사람에 대해 질문했을 때 응답자들은 수혜자가 돼지와 비슷해지겠지만 돼지가 되지는 않을 것이라고 답했다. 이 개념을 중고 옷에 대입해 보았을 때, 일부 사람들이 중고 옷을 입으면 자신이 그 옷의 본질을 띠게 된다고 믿는다고 추론하는 것도 타당하다.

반反패스트패션 운동은 적게 사고 품질 좋은 물건에 돈을 더 쓰자는 취지에서 자주 언급된다. 그러나 비싼 옷이라고 해서 반드시 윤리적인 것은 아니다. 앞서 언급했듯이, 싸구려 패션 제조업자는 낮은 임금과 열악한 근로 환경을 지속해서 옷을 헐값에 팔려고 한다. 윤리적, 사회적 책임을 생각하는 소비자는 비싼 옷을 사는 것이 윤리적 선택이라고 생각하기 때문에 의류에 더 많은 지출을 할 수 있다. 그러나 의류 산업의 공정생산을 주장하는 시민단체인 깨끗한 옷 캠페인Clean Clothes Campaign이 2015년에 발표한 보고서에 따르면, 패스트패션 업체뿐 아니라 베르사체, 돌체앤

가바나, 아르마니, 막스마라 같은 명품 브랜드도 많은 나라의 노동자에게 최소임금에 훨씬 못 미치는 임금을 지불한다. 여러 유럽 국가의 근로 환경도 심각한 것은 마찬가지이다.[14] 깨끗한 옷 캠페인은 의류 산업에 종사하는 전 세계의 노동자들과 협력한다. 아시아 국가의 의류 업계 노동자가 처한 열악한 근무 환경과 빈곤 급여에 대해서는 많이 알려져 있다. 이에 비해 '유럽산'은 더 나은 근로 환경을 보장한다고 여겨졌으나, 깨끗한 옷 캠페인이 2014년 발표한 보고서 『스티치업Stitched Up』은 이러한 잘못된 환상을 깼다. 또한 2016년에 발표한 보고서 『값싼 노동Labour on a Shoe String』에서는 여섯 유럽 국가의 신발 및 의류 생산과 관련된 고질적이고 구조적인 문제점을 고발한다.[15] 두 보고서는 읽는 동안 안타까운 마음이 들겠지만 반드시 읽어 볼 필요가 있다.

패스트패션에만 국한되지 않고 패션업계 전반에 걸쳐 나타난 또 하나의 불편한 현상은 '보는 즉시 구매see now, buy now'하는 패션에 대한 수요 증가이다. 고급 브랜드도 주문 후 몇 시간 내에 배송하는 아마존 같은 온라인 회사와 경쟁에 나섰다. 소비자, 그중에서도 특히 자신들이 목표로 하는 시장의 고객들은 기다리지 않는다고 가정하기 때문이다. 『뉴욕타임스The New York Times』의 '패션과 스타일'면에 실린 최근의 한 기사는 기술 발전으로 디자이너 제품이 전 세계 10개 주요 도시로 90분 만에 배송되는 현실을 한탄했다.[16] 파페치Farfetch, 네타포르테Net-a-Porter, 매치스패션닷컴Matchesfashion.com 같은 패션 회사는 전 세계 당일 배송 서비스를 제공하고 런던에서는 90분 내 배송 서비스를 제공한다. 이 회사들은 X세대와 Y세대는 자기가 구매한 물건을 기다리는 데 익숙하지 않다고 말하며 이들의 요구에 부응하기 위해서는 이런 서비스를 제공할 수밖에 없다고 주장한다. 파페치에 따르면, 파페치를 이용하는 고객들은 빠른 배송을 가장 중요한 요소로 꼽는다. 파페치가 빠른 배송 서비스를 제공하고 고객들은 이 서비스를 그 무엇보다 가장 중요하게 생각하니 이는 당연한 결과이다.

지금까지 패션 생산과 소비의 어두운 이면을 들여다보았다. 그러나 우리가 입은 옷이 제대로 된 역할을 해서 우리의 안녕감이 향상되는 것도 불가능한 일은 아니다. 지금부터 이러한 가능성에 대해 고민한 두 가지 연구를 소개한다.

안녕감을 위한 옷

패션 산업이 조장하는 열악한 근무 환경, 과잉소비, 아름다움에 대한 편협한 고정관념이 비윤리적 결과를 낳았지만 사회에서는 이를 문제 삼지 않는다. 심리학자는 패션업계의 전문가와 협력하여 '아름다움'이 보다 포괄적이고 다양하게 표현되도록 장려할 수 있다. 또한 심리학을 적용해 주요 문제점을 파악해서 인간의 행동을 예측하고 결국엔 변화시킬 수 있을 것이다. 우리는 패션 이미지에 노출되면 직접적인 타격을 받는다. 따라서 이에 맞서 회복력을 기르고 유지하는 법을 터득하는 일이 그 어느 때보다 절실하다. 여기에서는 긍정심리학을 응용해 옷을 통해 안녕감을 증진하는 방법을 조사한 몇 가지 연구를 소개하려 한다.

패션 산업은 많은 문제를 안고 있지만 그런데도 긍정적인 변화의 견인차 역할을 해 왔고 앞으로도 계속할 것이다. 패션 전문가가 주도한 많은 프로젝트는 지속 가능성에서부터 기후변화에 이르기까지 패션과 관련된 많은 문제에 대한 전 세계인의 인식을 제고했다. 그러나 이러한 프로젝트와 캠페인이 실제로 인간 행동을 변화시켰는지에 대한 연구는 쉽게 간과된다. 최근 심리학계에서는 이 문제에 대해 진지하게 고민하기 시작했다. 심리학자들은 사람들의 행동을 이해하고 변화를 유도하는 방법을 알아내어 패션을 통해 문제를 개선하거나 뿌리 뽑을 수 있도록 노력하고 있다. 이제부터 옷을 이용해 안녕감을 높이고 지속 가능한 행동을 실천하도록 소비자를 유도하는 방법을 조사한 연구를 소개한다.

옷에 대한 애착은 패션 산업 내에서 큰 관심을 끈다. 많은 웹사이트, 책, 미술품이 의복 애착이라는 개념을 연구한다. 또한 지속 가능한 디자인을 연구하는 전문가는 정서적으로 오래 지속되는 디자인이라는 틀을 적용해 사람들이 옷과의 관계를 발달시킬 방법을 생각하고 있다. 다른 한편에서는 착용자와 옷의 관계가 어떻게 옷의 소유 기간을 연장할 수 있는지에 대한 논의가 한창이다. 성인과 그가 소유한 특별한 물건 사이의 애착 관계는 이전부터 심리학에서 연구해 온 주제이다. 애착은 다면적이고 복잡한 면을 지니지만, 기존의 많은 연구에서는 시간이 지나면 바뀔 수 있는 일차원적인 개념만을 제시해 왔다. 의복 애착을 심리학적 관점에서 접근한 연구는 거의 없었다. 이러한 부족함을 채우는 연구가 나왔는데, 플리트우드-스미스Fleetwood-Smith는 개인이 특정 옷에 상징적 의미를 부여하도록 유도함으로써 안녕감을 개선할 수 있다고 주장했다.[17] 플리트우드-스미스, 메어Mair, 헤퍼론Hefferon은 이 연구를 확장하여, 옷과 관계를 맺고 옷의 본질을 이해함으로써 옷을 소중하게 여기고 만끽할 수 있다는 주장을 내놓았다.[18] 이 연구는 복식효과enclothed cognition와 본질주의라는 서로 긴밀하게 연결된 두 가지 인지 심리학적 개념을 바탕으로 한다. 본질주의에서는 특정 대상이 형체는 없지만 본질을 결정하는 여러 특성을 지니고 있고, 이러한 특성이 그 대상을 규정한다고 믿는다. 복식효과는 옷에 대한 생각이 착용자의 심리적 과정에 미치는 체계적 영향을 말한다. 이때 심리적 과정은 옷의 상징적 의미와 옷을 입는 물리적 경험이 동시에 작용하여 나타난다.[19] 본질주의와 복식효과라는 두 가지 심리적 과정이 결합했을 때 우리의 인지는 상당한 영향을 받는다. 아직 확신할 수는 없지만, 이로 인해 패션의 지속 가능성을 높이고 우리의 안녕감을 증진할 가능성이 생겨날 수 있다. 플리트우드-스미스 외 연구자들은 옷이 착용자에게 개인적으로 중요한 상징을 가지면 착용자는 그 옷을 간직하고 싶어 하고 똑같은 복제품과도 절대 바꾸지 않는다는 것을 알아냈다.[20] 연구 참여자들은 옷이 인간과 비슷한 특성을 키워왔기 때문에 마치 확장된 자아인 것처럼 여겨져 심리적 안녕감을 높인다고 말했다.

조이 쇼너시Zoe Shaughnessy는 유방암을 겪은 여성들이 이전과 달라진 몸으로 겪게 되는 삶의 경험과, 매일 옷을 고르고, 입어 보고, 입고 있을 때마다 나타나는 이들의 자아와 옷의 관계에 대해 연구했다.[21] 쇼너시는 유방절제술을 받은 39~59세의 유방암 생존자 여섯 명과 반구조적 인터뷰를 진행했고, 이들이 외상 후 성장(신체적 손상 및 생명의 위협을 받은 사고에서 심리적 외상을 받은 뒤, 회복력을 통해 이루어지는 회복을 넘어서는 긍정적 변화 – 옮긴이 주)을 보였는지도 조사했다. 해석학적 현상학 분석을 응용한 이 연구에서는 다음의 네 가지 주제를 통해 드러나는 여성과 옷의 관계를 조명했다. 첫째, 옷은 기분을 조절하는 수단, 즉 스스로에 대해 좋은 느낌이 들게 하는 방법으로 활용되었다. 둘째, 옷은 긍정적이고 유쾌함을 주는 요소로 작용해 다른 사람과의 관계 형성에 도움을 주었고, 옷을 고르는 문제를 다 같이 고민하고 해결하는 과정에서 새롭게 친구를 만들거나 이전 관계를 재건하는 역할을 했다. 셋째, 옷은 상황에 따라 적절하게 이용할 수 있기 때문에 신체를 가리거나 드러내고, 강조하고 보완하는 수단으로 사용되었다. 이러한 과정에서 옷은 유방암으로 인해 환자가 받은 충격을 완화했다. 마지막으로 이 여성들은 자아를 탐구하는 방법으로 옷을 사용했다. 이들은 옷을 '가지고 놀면서' '새로운' 자아를 '시험 삼아 입어'봤다. 달라진 자아의 신체적, 심리적, 사회적 측면을 살펴보는 과정에서 여성이 옷과 만들어 가는 관계는 단순하지 않다고 쇼너시는 말한다. 연구 참여자들에게 옷은 상황을 적극적으로 헤쳐나가는 방식이자, 원하는 상황을 조성해 주는 잠재적 협력자이며, 외상 후 성장을 향상시키는 수단으로 사용되었다고 결론을 내렸다. 이러한 결론은 신체상에 긍정적인 인식을 가진 여성이 유방암을 극복하는 데 더 높은 수준의 자신감을 보인다는 기존의 연구를 뒷받침한다. 쇼너시의 연구는 장기간의 질병 관리와 매일의 안녕감 증진의 관점에서 옷의 치료 잠재력에 대한 심층 연구의 토대를 마련했다. 그뿐만 아니라, 이 연구는 유방암을 겪은 여성의 실생활을 조명함으로써 패션 디자이너가 유방암 환자의 안녕감 증진에 어떤 식으로 기여하는지, 그 결과 패션에 함축된 피상적이고 가벼운 의미를 뛰어넘어 패션의 잠재력을 어떻게 발현시키는지 보여준다.

맺으며

이번 장에서는 의류 쇼핑에 작용하는 심리를 알아보고 지속 가능한 패션과 안녕감을 위한 옷의 의미를 살펴보았다. 그리고 지속 가능한 패션과 관련된 전염의 개념과 심리적 본질주의를 설명하면서 재활용과 재사용이 모든 사람에게 흥미로운 일은 아닐 수도 있다는 점에 대해 논의했다. 여가 활동으로 의류를 쇼핑하는 개념을 소개하면서 이러한 행동이 위험한 쇼핑 중독으로 발전하는 과정에 대해서도 알아보았다. 강박적 쇼핑 행동은 정신건강 문제로 여겨진다. 지금까지 살펴본 것처럼 옷과 패션은 다양한 역할을 한다. 그중 하나가 우리의 안녕감을 증진시키는 일이다.

06
무슨 옷을 입을까?

우리가 옷을 입는 이유는 다양하다. 몸을 보호하고 꾸미고, 몸의 기능을 확대하고, 비언어적이고 시각적인 소통을 통해 자아와 정체성의 심리적, 신체적 모습을 전달하기 위해 옷을 입는다. 패션과 일반적 의미에서의 옷, 그리고 옷이 나타내는 의미에는 개인적, 사회적, 문화적 차이가 존재한다. 우리는 사회 집단에 소속되어야 한다고 느끼기 때문에 옷으로 우리의 소속을 알린다. 또한 옷을 이용해 스스로 자율권을 부여하고 사고의 수준까지도 향상할 수 있다.

우리가 지금 입은 옷을 선택한 이유

앞에서 설명했듯이, 우리는 성격, 기분, 감정은 물론 맥락과 같은 많은 요소에 의해 옷을 선택한다. 정장은 보통 사회 규범을 따르려고 입는다. 예를 들면, 높이 평가받는 자리나 전문적으로 보여야 하는 상황에 정장을 입는다. 옷을 선택하는 심리를 설명한 심리학 자료는 별로 없지만 이러한 시도가 아예 없었던 것은 아니다. 초기 사회과학자는 당시 사회의 패션을 이끄는 사회 계층화에 관심이 많았다. 이들은 옷이 모두에게 항상 같은 의미일 수 없고 같은 의미를 가지지도 않기 때문에 사람들이 입는 옷은 상징적인 계층과 지위의 경계를 나타낸다고 주장했다.

지멜은 사람에게는 모방하려는 심리적 성향이 있는데, 모방이 '개인의 창의적 인식을 요구하지 않기' 때문이라고 말했다.[1] 또한 모방은 별 노력 없이도 소속감을 느끼게 한다. 지멜에 따르면 패션은 사회 적응의 요구를 충족시키는 역할도 하는데, 사회 적응의 관점에서 개인은 하나의 예시에 불과하다. 또한 패션은 특히 사회계층과 관련된 차별화의 욕구도 만족시킨다. 하위계층이 상위계층의 패션을 받아들이는 순간, 상위계층은 그 패션을 버리기 때문에 사회계층별로 입는 옷이 결코 같을 수 없다고 지멜은 주장했다. 그러나 최근 스트리트 패션이 선두에 서면서 부유한 사람들이 하위계층의 스타일을 받아들이고 있다. 지멜은 패션에 대해 '추하고 혐오스러운 것도 때로는 유행이 된다'고 평하면서, 패션이 바라는 바는 소비자가 '가장 끔찍한 것을 그 자체로' 받아들이게 하는 것이라고 주장했다. 그는 '미학적으로 불가능한 스타일이 기품 있고 우아하고 예술적으로 괜찮아 보이는' 이유는 그 옷을 입은 사람이 자신의 외모에 공을 들였기 때문이고, 실제로는 그 사람이 우아한 것이라고 말했다.[2]

우리는 옷을 비롯한 머리 모양, 화장, 액세서리, 얼굴과 몸의 특징 등의 외모를 보고 사람들이 서로 어떤 관계인지와 같은 추상적인 사회 과정을 해석할 수 있다. 물론 사회화, 문화, 성별에 따라 옷에 대한 생각이 다를 수 있다. 하지만 우리는 모두 옷을 입고, 좋아하든 싫어하든, 우리가 입은 옷은 우리가 누구인지를 표현한다. 옷이 우리 몸에 '자리 잡은' 방식, 우리가 움직이고 말하는 방식, 습관 등을 통해 다른 사람은 우리가 어떤 사람인지 판단할 수 있다.[3]

이와 같은 정체성의 다양한 모습은 가족과 우리가 속한 사회 집단에 의해 사회화된다. 또한 피부, 머리카락, 치아는 점차 계층의 상징이 되었고, 스타일을 비롯한 외모의 모든 부분이 미적인 측면에 기여한다.

스타일은 원단, 재단, 색깔 같은 옷의 물리적 요소는 물론 옷의 조합과 조화도 포함한다. 그리고 개인을 표현하는 요소나, 개인이 가장 중요하게 생각하는 가치와 부합하는 사회 규범으로 간주되기도 한다. 역사적으로 특정 '사회 운동'은 특정 스타일로 표현되어 왔다. 예컨대 20세기 초반과 중반을 지배했던 모더니즘은 이전의 스타일에서 벗어나 새로움을 추구하는 움직임을 상징했다. 모더니즘은 과학적, 기술적 진보와 연관되어 있는데, 이는 인지 심리학 혁명과 제2차 세계대전 후에 이루어진 기술적 진보의 결과로 여겨진다. 요즘에는 어떤 특정 옷만 적합하다고 여겨지는 경우는 거의 없지만 상황, 문화, 사회에 따라 옷이 제한되는 경우도 있다. 물론 이것도 개인이 원하면 무시할 수 있다.

헐록Hurlock은 1929년에 패션에서 동기가 갖는 의미에 대해 연구했다. 헐록은 16~51세 연령의 1,400명을 대상으로 다음의 세 가지 질문을 했다. 첫째, 동성이나 이성 중 누구에게 잘 보이려고 옷을 입는지, 둘째, 부자처럼 보이려고 옷을 입는지, 셋째, 신체적 장점을 돋보이게 하려고 옷을 입는지, 그리고 옷을 선택할 때 정숙함이 고려 사항인지를 물었다.[4] 그보다 20년 앞서 베블런이 주장한 과시적 소비와는 대조적으로, 헐록의 응답자는 부자처럼 보이려고 옷을 입지는 않았고, 동성에게 잘 보이고, 정숙해 보이고, 신체적 장점을 드러내려고 옷을 입는다고 답했다. 1934년에 실시한 설문조사에서 350명의 여성을 대상으로 동조conformity, 경제력, 편안함, 정숙함, 자기표현, 성별, 여성다움과 관련한 패션 욕구를 조사했다. 그 결과, 부유해 보이는 것은 옷을 입는 목적에 해당하지 않았다.[5] 그보다는 집단의 기대에 부응하려는 동조 욕구가 가장 강했고, 그다음으로는 자신의 외모를 최대한 돋보이게 하려는 목적과 자기표현 수단 순으로 답했다. 동조와 사회 정체성의 욕구는 긴밀하게 연결되어 있는데, 두 개념 모두 집단 신념과 태도의 내면화와 관련 있기 때문이다. 물론 세월이 많이 흘렀고 이 조사를 지금 다시 시행한다면 매우 다른 결과가 나올지도 모른다. 그러나 동조하고 싶은 욕구는 우리가 스스로 집단압력을 느끼게 하고 이에 대한 반응으로 행동과 신념도 바꾸게 할 수 있다. 이는 세 가지 대표적인 심리학 연구에서도 밝혀졌다. 이 연구에서는 집단 내의 판단과 의견에 대한 동조에 대해서도 조사했는데, 사람들은 과반의 의견에 반대함으로써 발생할 결과를 감당하기보다는 대세를 따르기가 더 쉬우므로 동조하게 된다고 한다.[6] 동조는 또한 옷과 연관되어 나타나기도 한다. 집단 내 사람들과 옷을 비슷하게 입으면 집단의 수용도와 결집력이 높아진다는 이점이 생긴다. 그러나 이와는 다른 결과를 보여주는 연구도 있다. 이미 정해진 규범을 가볍게 어기는 사람에게 긍정적인 반응을 보인다는 것이다.[7] 예를 들어 검정 나비넥타이를 매야 하는 행사에 빨간 나비넥타이를 매고 온 남성은 다른 사람보다 지위가 높거나 능력이 우월하다고 간주된다. 독특함을 높이 평가하는 심리가 작용하는 것이다. 교수가 빨간색 컨버스Converse 스니커즈 운동화를 신고 강의를 하면 그의 지위와 능력이 높게 평가되는 것도 같은 맥락이다. 109개의 연구를 메타 분석한 결과에 따르면, 옷은 착용자의 능력, 권력, 지능, 사교성, 기분 등의 특성을 알려준다.[8] 게다가 옷은 학생과 교사 모두의 지능과 학업적 잠재능력

에 대한 지각에 영향을 주는 것으로 알려져 있다.[9]

남성과 여성 모두 도발적인 옷을 입고 있는 여성이 보수적인 옷을 입은 여성보다 성적으로 매력적이고 호감이 간다고 말했다. 그러나 결혼 생활에 충실하지 않고, 성적 장난을 좋아하고, 자신의 이익을 위해 성을 이용하고, 성 경험이 많으며, 우려스럽게도 강간을 당하기 쉬울 것 같다고 평가했다.[10] 다른 연구에서는 도발적인 옷을 입은 여성은 성폭행과 성희롱을 겪을 시 이러한 결과에 책임이 있다고 여겨진다는 결과가 나왔다.[11]

우리는 새로운 옷을 입을 때 스스로를 다른 사람이라 생각하며 새로운 정체성과 기분을 느끼기도 한다. 남녀 학생을 대상으로 기분에 대한 지각과 자기 의식, 그리고 옷 선택 사이의 관계를 조사한 연구에 따르면, 남성보다 여성이 자신의 기분과 자기의식에 민감하게 반응했고 이는 옷을 선택하는 데에도 영향을 미쳤다. 옷의 색깔도 착용자와 관찰자의 기분에 영향을 준다. 감정적 반응은 물론 인지적 반응을 끌어내는 많은 요소도 옷에 대한 선호에 영향을 미친다. 이러한 요소에는 피부 반응, 옷의 사이즈와 모양, 열 쾌적성, 옷이 몸에 맞는지 여부, 옷이 신체를 드러내거나 가리는 정도, 그 외 시각적 특성과 같은 물리적 특징이 있다. 또한 착용자의 자아상과, 연상되는 생각과 기억도 이러한 요소에 포함된다.

최근 한 연구에서는 사람들의 옷 입는 스타일, 선호, 성격 요인, 감정, 기분의 관계를 분석했다. 평상복과 정장과 야회복을 입을 때 패션 소비자의 심리 상태를 이해하기 위한 연구였는데, 각각의 옷은 몸에 맞는 정도, 색깔, 몸이 드러나는 부분, 브랜드, 원단이 전부 달랐다.[12] 실험 참여자의 머리는 뒤로 묶어 지각에 영향을 주지 않도록 했고, 신발은 납작하거나 굽이 높은 것을 상황에 맞추어 신게 했다. 여학생 27명을 대상으로 여덟 벌의 옷을 입기 전과 입은 후로 나누어 감정과 기분과 성격을 조사했고, 그런 다음 실험 참가자들은 선호하는 순서에 따라 여덟 벌의 옷에 번호를 매겼다. 연구 결과, 성격보다 기분이 선호도에 더 중요한 요소였고, 잘 차려입었다는 느낌은 사교성, 권력, 가치 있다는 느낌을 더 많이 들게 했다. 그리고 참가자들은 다른 옷보다 평상복을 입었을 때 더 활동적이라고 느꼈다.

옷과 기분과의 연관성에 대한 관심은 할리우드의 블록버스터 영화 '라라랜드La La Land'의 개봉과 함께 뜨거워졌다. 개봉 당시인 2017년 겨울 패션계는 패션쇼 무대는 물론 화장품에도 밝은 색깔을 선보였다. 아르마니는 주황색, 메종 마르지엘라Maison Margiela는 다홍색, 지암바티스타 발리Giambattista Valli는 노랑과 분홍을 무대에 올렸다. 영화가 성공하자 상점은 노란색 옷으로 가득 찼다. 소비자들은 노란색 옷을 입으면 행복해진다는 이야기를 들었다. 영국의 한 전국지에서 노란색 옷을 입으면 기분이 좋아질 수 있다는 주제로 '도파민 드레싱'이라는 제목의 기사를 기획하며 나에게 인터뷰를 요청한 적이 있다. 나는 옷이 가지는 상징적 의미가 기분을 북돋을 수는 있지만, 옷을 입는 사람이 그 사실을 믿어야만 한다고 인터뷰에서 말했다.[13] 기분을 상승시키는 힘은 옷이나 옷의 색 그 자체가 아니라 입는 사람에게 있다. 다음 부분에서 자세히 다루겠지만, 색깔의 의미는 문화적 혹은 사회적 맥락 안에서 형성되므로 색의 '의미'를 해석하는 일은 주관적일 수밖에 없고 여러 가지 요소에 의해 좌우된다. 우리는 때로 타인의 피드백에 반응하여 행동할 때도 있기 때문에 긍정적인 반응을 불러오는 옷을 입으면 기분이 좋아진다. 결국 색깔은 우리가 사물에 부여한 상징적 의미만큼, 그리고 우리가 그것의 힘을 믿는 만큼만 중요한 의미를 지닌다.

색지각은 물체에 반사된 빛의 파장을 주관적으로 해석한 것과, 문화적 연관성과, 우리의 추측과 경험이 한데 합쳐져 생긴 결과물이다. 우리는 전자레인지, 엑스레이, 전등이 내뿜는 전자파의 공간에서 살고 있다. 광파는 빛의 스펙트럼 중 인간이 볼 수 있는 유일한 부분이다. 빛이 물체에 닿았을 때 반사되는 빛이 우리 눈의 망막으로 들어온다. 질감이나 색깔 같은 물체의 특성과 물체를 비추는 광원의 속성에 따라 파장이 물체에 흡수되기도 하고 부딪혀 반사되기도 한다. 반사된 광파는 우리의 시각에서 처리된다. 시각정보를 처리하고 해석하는 일은 여러 복잡한 과정을 거친다. 그러나 우리는 보는 것이 언뜻 반사적으로 이루어진다고 느끼기 때문에 시력을 당연하게 여긴다. 그래서 시력이 사실은 심리적, 신체적 과정이라는 사실을 알고 놀라는 경우가 많다. 시각은 외부 환경에서 받은 감각 정보를 해석한 것이므로 심리적인 것이다. 시각의 경우 이 정보에 해당하는 것이 광파이다. 그러나 이 모든 과정이 반사적으로 이루어지는 것처럼 느껴지기 때문에 시각이 사실은 복잡한 과정임을 잘 알지 못한다. 우리가 어떻게 한 사물을 다른 사물과 분리하여 일관된 전체로 이해하는지는 심리학은 물론 신경 과학과 철학에서도 흥미로운 연구 주제로 남아있다.

신체적으로 보면, 광파는 각막을 통과하여 눈에 들어온 뒤 수정체로 보내진다. 수정체는 빛을 눈 뒤편에 있는 망막에 집중시키고 그곳에서 빛은 전기자극으로 변환된다. 망막은 간상체와 추상체로 알려진 광수용 세포로 구성되는데, 이 세포는 광양자를 감지하고 신경자극에 반응한다. 신경자극은 뇌의 여러 부분에서 복잡한 피드포워드와 피드백 과정을 통해 처리된다. 그러나 사물에 대한 지각, 더 정확히는 사물의 색에 대한 지각은 지각에 따라 달라진다. 다시 말해, 처리되는 감각 정보에 우리가 부여하는 의미에 따라 달라진다는 뜻이다. 시각 정보는 뇌의 여러 부분에서 처리되는데, 정확한 처리 방식은 아직 완전히 파악되지 못했다. 간단히 설명하자면, 지각은 뇌조직을 거쳐 뇌의 뒤편에 있는 시각 피질에 도달하면서 직선적으로 일어난다. 그러나 여기에서 끝이 아니다. 이 정보를 이해하기 위해 우리는 우리의 동기, 경험, 기대를 활용한다. 그래서 개인에 따라 동일한 사물, 심지어 동일한 사물의 특징을 다르게 인식하는 일이 벌어지는 것이다. 사람마다 다르게 인식하는 특징

중 한 가지는 색이다. 그리고 패션과 관련하여 색의 해석이 얼마나 복잡한지 보여주는 예가 바로 '드레스 논란'이다.

2015년에 한 장의 드레스 사진이 소셜 네트워킹 사이트인 텀블러에 게시되었다. 이 사진은 보는 사람마다 드레스를 다르게 인식해서 논란을 일으켰다. 어떤 사람은 하얀색과 금색으로 보았고, 또 어떤 사람은 파란색과 검은색으로 보았다. 이러한 반응에 대해 이런저런 이야기가 오갔고 급기야 심리학자와 신경과학자가 연구에 착수했다. 학술지 『코텍스Cortex』에 실린 이 의미 있는 연구에서는 다르게 인식하는 것에 영향을 미치는 요소가 많다는 결론을 내렸다.[14] 이 연구는 28명의 참가자에게 드레스의 이미지와 커다란 색칠된 사각형의 이미지를 보게 하고, 그 사이 기능적 자기공명영상을 이용해 이들의 뇌를 정밀촬영했다.

앞에서 설명했듯이, 반사되어 눈으로 돌아오는 광파를 구성하는 것은 물체에서 반사된 빛과 물체를 비추는 광원이다. 색을 해석하려면 이 두 가지 빛을 구분해야 한다. 일반적으로 우리는 색채 항등성이라는 과정을 거쳐 이것들을 잘 구분한다. 색채 항등성은 서로 다른 조명 조건에서도 사물의 색을 동일하게 인식하는 현상이다. 어두워진 침실에 놓인 빨간색 가운을 본다고 가정해 보자. 회색처럼 보이지만 우리는 가운이 빨간색인 것을 안다. 우리의 지식과 경험을 가져와 우리 앞에 제시된 감각 정보와 연결하기 때문이다. 인지 심리학자는 이러한 과정을 '광원 무시하기'라고 설명했다. 즉, 광원에서 나온 정보는 무시하고 우리가 가진 정보에 의지해 사물의 색을 판독한다는 뜻이다.

'드레스 논란'에서 잘 나타나듯이, 색에 대한 지각은 주관적이고, 따라서 색지각은 사람마다 다르게 나타날 수 있다. 연구자들은 드레스를 파란색과 검은색으로 본 사람과 하얀색과 금색으로 본 사람 사이에 뇌 활성화의 차이가 있음을 발견했다. 그리고 색칠한 사각형 이미지를 볼 때와 드레스를 볼 때 전자는 맥락이 없는 경우, 후자는 맥락이 있는 경우에도 뇌 활성화 정도에 차이가 나타났다. 참가자가 드레스를 하얀색과 금색으로 지각할 때에는 뇌의 여러 다양한 영역이 활성화되었지만, 색칠한 사각형 이미지를 볼 때는 그렇지 않았다. 뇌의 활성화가 증가한 것은 참가자가 드레스를 볼 때 해석하는 과정이 일어나면서 나타난 결과이고, 색칠한 사각형을 볼 때는 그러한 해석이 일어나지 않았기 때문이다. 즉, 드레스를 하얀색과 금색으로 본 참가자들은 색을 해석하는 데 자신의 추론과 기대는 물론 외부 환경에서 나온 있는 그대로의 감각 정보를 활용했다. 그러나 이 드레스 이미지는 다른 시각적 착시들과 구분되는 점이 있는데, 하나의 인식에서 다른 인식으로 전환할 수 없다는 것이다. 오리-토끼 착시에서 사람들은 처음에는 오리나 토끼 중 하나만 지각하지만, 지각을 전환하면 둘 다를 각기 독립적으로 볼 수 있다. 시각을 전환하지 못하는 것이 어쩌면 생각을 잘 바꾸지 못하는 성향의 근본적인 원인일 수도 있다고 연구자는 말한다.

영어에는 '붉은색을 보다(see red: 화내다)', '빛을 보다(see the light: 깨달음을 얻다)', '푸른색을 느끼다(feel blue: 기분이 우울하다)'와 같은 은유적 표현이 흔하다. 이러한 단어의 은유적 의미를 이해하는 것은 별 문제가 없지만, 옷의 은유적 의미를 색을 통해 해석하는 일은 중간에 개입하는 요소가 많기 때문에 쉽지 않다. 그러나 진화론과 사회 학습 이론에 근거한 연구는 색이 심리적 기능에 미치는 영향을 이해하는 데 도움을 준다. 엘리엇Elliot에 따르면, 옷의 색에 대한 연구는 주로 빨간색에 치우쳐 있다.[15] 다른 색과 다양한 관련 요소들, 예컨대 색의 특성, 보는 사람의 거리와 각도, 환경광의 양과 종류, 다른 색의 존재 등은 대체로 무시되었다고 엘리엇은 주장한다. 이러한 이유로 옷의 특정 색이 음성 언어처럼 특정 성격을 나타낸다는 자료는 신중하게 접근해야 한다.

괴테Goethe가 1810년 저술한 『색채론Theory of Colours』 이후로 색은 여러 학문 분야에서 대단히 흥미로운 주제였다. 이 책에서 괴테는 색을 감정적인 반응과 연결하여 범주화했다. (가령 빨간색은 따뜻함이나 흥분과 연결 지었다.)[16] 연구자들은 특정 색이 특정 심리적 반응을 일으키고, 이러한 반응이 감정적 경험, 인지적 지향성, 공개적 행동을 일으킨다는 사실을 알아냈다. 특히 파장이 긴 색깔은 자극적이거나 따뜻한 기분을 느끼게 하지만, 파장이 짧은 색깔은 편안하거나 시원한 느낌을 준다. 빨간색은 특히 자극의 측면에서 흥미로운 결과를 보였다. 실험실에서 피부 붉어짐에 대한 시각 민감도를 측정한 결과 공격성, 분노, 당혹감, 성적 흥분의 신호로 해석되었다. 사람이 가지고 있는 색과 정서, 인지와 행동 사이의 연관성은 진화되고 문화적으로 생성된 것이다. 예를 들어 빨간색 옷을 입거나 주변에 빨간색을 둔 여성은 이성애자인 남성의 호감도를 상승시켰다.[17]

빨간색과 검은색은 모두 대상을 더 매력적으로 판단하게 한다. 남성이나 여성이 남성의 이미지를 볼 때와, 남성이 여성의 이미지를 볼 때 그렇다. 그러나 여성이 다른 여성의 이미지를 볼 때는 해당하지 않는다. 흥미롭게도 옷 색깔과 매력 사이에는 밀접한 상관관계가 있었다. 심지어 관찰자가 옷의 색깔을 잘 보지 못할 때나 그래픽 조작으로 옷 색깔만 그대로 유지해도 결과는 같았다. 이러한 현상을 설명하기 위해 연구자는 옷 색깔이 관찰자만큼이나 착용자에게도 심리적인 영향을 준다고 추론했다. 옷 색깔 자체보다는 옷을 입는 사람이 받는 심리적 영향이 타인이 매력을 평가하는 데 영향을 준다는 것이다.[18] 다시 말해, 빨간색 옷을 입어 스스로 더 매력적으로 되었다는 옷의 상징적인 의미를 믿는다면 우리는 스스로 매력적이라고 느끼게 되고, 그러면 관찰자도 우리를 더 매력적으로 인식하게 된다. 이러한 결과를 뒷받침하는 연구가 있다. 모의 스포츠 경기에서 빨간색 옷이 성별과 관계없이 그 옷을 입은 사람과 관찰자 모두의 잠재의식 속에 우월성에 대한 인식을 심어 주었다는 연구이다.[19] 연구자는 빨간색이 지각과 행동에 미치는 영향이 상당히 크기 때문에 스포츠 경기에 빨간색 옷이 제한되어야 하는 것은 아닌지 의문을 가졌다고 한다. 또한 빨간 옷을 입은 자신이나 다른 사람을 단순히 보는 것만으로도 공격성이나 우월성에 대한 판단 정도가 올라갔다. 인간은 공격적인 상황을 맞닥뜨렸을 때 테스토스테론의 분비가 치솟고 얼굴이 붉어진다. 연구자는 이를 인간이 아닌 대상에 적용했고, 스포츠 대회와 같은 공격적인 상황에서 빨간 옷을 입으면 우월성이 표출되어 경쟁력을 가지게 된다는 사실을 알아냈다. 예를 들어 빨간 옷을 입은 레슬링 선수는 경기에서 이길 확률이 높다.[20] 그러나 빨간색으로 인한 이점이 심판에게 빨간색에 대한 지각적 편향을 심어줄 수 있다는 다른 연구 결과도 있다.[21]

검은색은 패셔니스타가 옷을 고를 때 가장 선호하는 색깔 중 하나지만, 우리가 검은색 옷을 입는 이유를 설명하는 실증적 증거는 거의 없다. 그저 빨간색이나 검은색 옷을 입으면 좀 더 매력적으로 평가된다는 결과만 있을 뿐이다. 그런데 이 말은 다른 사람이 우리에 대해 추측할 때 우리가 입은 옷의 색깔을 고려하기도 한다는 의미이다. 색의 문화적 연관성과는 별개로, 스포츠계에서 검은색 옷은 공격성으로 인식되고 패션계에서는 세련된 것으로 여겨진다. 리틀 블랙 드레스는 패션 필수 아이템이다. 어떤 상황에도 어울리고 언제나 깔끔하고 관능적이면서도 정숙하다. 길이가 짧거나 종아리까지 내려오기도 하고, 어깨끈이나 방도 bandeau(어깨끈 없이 여성의 가슴을 감싸는 띠 모양의 처리 – 옮긴이 주), 또는 소매 형태도 있다. 실루엣과는 상관없이 리틀 블랙 드레스는 세월이 흘러도 변치 않는 매력을 뽐내며 늘 우아함을 간직하고 있다. 드러내는 동시에 감추기도 하면서 탁월한 품격을 은근히 드러낸다. 상황에 맞게 옷을 입을 줄 아는 사람이 이 드레스를 입는다. 리틀 블랙 드레스를 입은 사람을 심리학적으로 보면 옷보다는 자신이 눈에 띄는 것을 좋아하는 사람이라 추측할 수 있다. 그러나 이것도 드레스의 절개나 실루엣에 따라 달라진다. 이 드레스는 여러 용도로 입을 수 있기 때문에 목둘레선을 깊이 파거나 높이 올릴 수 있고, 밑단을 짧게 하거나 길게 늘어뜨릴 수도 있으며, 어깨끈을 없애거나 소매를 만들 수도 있다. 드레스의 의미는 실루엣에 따라 달라지며, 실루엣은 입는 사람이 드러내고 싶어 하는 부분과 감추고 싶어 하는 부분에 의해 결정된다. 본래 샤넬과 파투가 디자인한 리틀 블랙 드레스는 다양한 소비자층에게 다가가려고 만든 옷이었다.

샤넬은 평상복으로 입는 긴소매의 검정 모직 드레스와, 야회복으로 입을 수 있는 크레이프, 새틴, 벨벳으로 만든 드레스를 만들어 리틀 블랙 드레스의 유행을 선도했다. 이후 변형된 디자인의 다양한 드레스가 꾸준히 나오고 있다. 샤넬은 리틀 블랙 드레스가 입는 사람의 특성을 잘 드러나게 해 준다고 말한 바 있다. 이 드레스를 입고 보석을 두르면 드레스보다 보석이 더 돋보인다. 복잡하거나 무늬가 있는 옷에서는 기대할 수 없는 일이다. 검은색은 과거에도, 지금도 애도와 관련된 색이다. 리틀 블랙 드레스가 처음 만들어진 시기에 많은 여성들이 제1차 세계대전에서 사랑하는 사람을 잃었고, 고인을 애도하기 위해 입었던 옷이 바로 이 드레스였다. 연구에 따르면, 리틀 블랙 드레스는 컬러 영화가 만들어진 후에 할리우드에서 많이 입었는데 다른 색은 화면에서 왜곡되어 보이는 경우가 많았기 때문이다.

미국 텔레비전 드라마인 '섹스앤더시티Sex and the City'의 주인공들은 리틀 블랙 드레스를 자주 입었다. 네 명의 주인공 모두 개성이 강했다. 낭만적인 성격의 캐리는 끼가 많고 재미있고 낭만적인 성격과 잘 어울리는 디자이너 옷을 자주 입었다. 캐리 역할을 했던 배우 사라 제시카 파커Sarah

Jessica Parker는 실제 자신의 브랜드를 만들어 리틀 블랙 드레스를 선보였는데, 하나는 소매가 달리고 종아리 길이의 서큘러 스커트(밑단을 폈을 때 완전한 원을 그리는 스커트 – 옮긴이 주)로 된 드레스이고 다른 하나는 망사로 된 튀튀 스커트(발레리나가 입는 스커트 – 옮긴이 주) 스타일이다. 사만다 존스는 이 드라마에서 남성 편력이 심한 여자로 등장하며 몸매를 부각하는, 꽉 조이고 몸에 딱 달라붙는 스타일을 즐겨 입었다. 마지못해 엄마가 된 미란다는 중성적인 옷을 주로 입었지만 목둘레선이 깊이 파인 리틀 블랙 드레스를 입고 등장하기도 했다. 이러한 모습은 즐거움을 위해서라면 위험도 감수할 수 있다는 자신감과 적극성을 드러낸다. 마지막 주인공인 샬롯은 결혼과 아이를 늘 간절히 원하는 인물로, 고급스러운 보석과 구두와 함께 리틀 블랙 드레스를 정숙하게 입었다. 이렇듯 다양한 방식으로 이 드레스를 표현할 수 있다는 것은 모든 여성이 적어도 한 벌쯤은 가질 만하다는 의미일 것이다. 리틀 블랙 드레스는 여러 상황에서 다양한 모습으로 등장한다. 한 예로, 미국의 초기 인상주의 화가였던 존 싱어 사전트John Singer Sergeant가 그린 '마담 X'에도 이 드레스가 등장한다. 그림의 제목과 이름이 같은 초상화의 주인공은 아름답기로 유명했으며 사전트의 요청으로 초상화의 모델이 되었다. 후에 모델의 어깨 아래로 흘러내리게 그려진 어깨끈이 어깨 위로 올라가도록 그림이 수정되었는데, 어깨 위에 걸쳐진 끈보다는 어깨 아래로 흘러내린 끈이 더 매력적으로 보인다. 마담 X가 그렇게 그려지길 원했는지는 관람객이 판단해야 할 몫이다.

지금까지 설명한 것처럼 색은 패션에서 중요한 특징이다. 2017년 가을/겨울 컬렉션에서 아르마니, 메종 마르지엘라, 지암바티스타 발리는 밝은 색깔을 선보였고, 밝은 무지개색의 화장으로 패션을 더욱 강조했다. 이러한 밝은 패션의 이면에는 영국의 어두운 겨울을 보내는 소비자의 기분을 밝은색 패션으로 북돋아 줄 수 있다는 생각이 있다. 이 생각이 어느 정도 타당하기는 하지만, 옷을 입는 사람이 색의 상징적 의미를 믿을 때만 유효하다. 이에 대해서는 이번 장의 뒷부분에서 설명할 것이다. 여기에서는 일터에서의 옷차림에 대해 알아보고, '지금 가지고 있는 직업이 아닌, 가지고 싶은 직업에 맞는 옷을 입어라'는 조언이 실제로 과학적 근거가 있음을 확인해 볼 것이다.

근로자는 일반적으로 직장에서 복장 규정을 파악하고

따르는 데 많은 노력을 기울인다. 그래야 사회적 용인과 지위를 얻고 반감, 조롱, 배제를 피할 수 있기 때문이다. 연구에 따르면, 평상복과 달리 정장을 입으면 추상적인 인지 과정이 향상되고 사물, 사람, 사건을 해석하는 방식이 달라진다고 한다.[22] 실제로 정장을 입은 사람은 자신을 더 능력 있고 합리적인 사람으로 묘사했다. 그뿐만 아니라 어떤 옷을 입느냐에 따라 협상의 결과가 달라질 수 있다. 한 실험에서 남성 실험자에게 협상하기 전에 조깅 바지와 정장을 번갈아 입게 했고, 협상 상대방에게는 입은 옷을 그대로 두고 실험 사실을 알리지 않았다. 이때 조깅 바지를 입었을 때보다 정장을 입었을 때 실험자의 테스토스테론 수치가 높아졌고 거래를 더 유리하게 성사시켰다.[23]

학교를 졸업하고 직장에 취직하는 시기에 사회 계층은 결정적인 역할을 한다. 사회 계층은 노동자 계층의 젊은 성인이 자신의 직업적 삶의 의미를 만드는 방식에 영향을 미친다. 사회경제적 계층이 높든 낮든 직장인이라면 누구나 직장 생활에서 많은 것을 얻길 원하지만, 높은 계층의 사람은 만족과 같은 내적 요소에 동기 부여가 되지만, 낮은 계층의 사람은 경제적 생존과 같은 외적 요인에 의해 자극을 받았다. 사회경제적 지위는 외모 관리를 포함해 면접을 준비할 때 기울이는 노력의 정도에도 영향을 미친다. 면접에서 적절한 인상을 줄 수 있는 옷을 살 형편이 안되면 불이익을 당하게 된다. 저소득층 여성 대부분은 인상 관리 기술 중 하나인 외모 가꾸기에 필요한 경제적 자원이 부족해서 좋은 직업을 얻을 수 있는 능력이 떨어진다. 이러한 취약계층의 여성은 취업 면접과 직장 생활을 위한 의류 지원이 필요하다. 비영리 여성복지단체인 드레스 포 석세스Dress for Success[24]는 복지 수당을 받는 여성을 대상으로 직장에 적합한 옷을 할인된 가격에 판매하여 이들의 취업과 직장 생활 유지에 도움을 주고 있다.

남성은 전통적으로 직장에서 권력이 있는 위치에 있었기 때문에 능력에 대한 의문이 제기되는 경우가 더 적고 높은 직책에 앉을 수 있다. 남성은 외모보다는 효율성으로 평가를 받지만, 앞에서 다뤘듯이 여성은 남성보다 외모와 결부 지어 평가받는다. 여성은 직장 안과 밖에서 성차별을 겪는다. 다행스럽게도 더디긴 하지만 변화가 일어나기 시작했다. 앞서 언급한 바와 같이, 옷의 다양한 특징은 입사 지원자에 대한 지각, 기대, 반응은 물론 직장에서의 역할과 상호작용하며 영향을 미친다. 우리는 인지 과정을 효율적으로 처리하기 위해 범주화하고 정형화하지만, 이러한 습성은 판단에 심각한 오류를 일으킬 수 있다. 우리는 사람에 대한 의견을 아주 빠르게 형성하고 그들의 특성, 성격, 지능, 학력을 오로지 외모만 보고 1초 안에 판단한다. 예컨대 '아름다운 것이 좋은 것이다'라고 추정하는 내현 성격 이론Implicit Personality Theory에 따르면, 어떤 사람을 매력적이거나 혹은 매력적이지 않다는 범주에 일단 넣게 되면 관찰자는 해당 사회 범주와 관련된 몇 가지 성격 특성을 그 사람과 연결한다. 이것이 후광 효과인데, 이번 장 뒷부분에서 설명할 것이다.

출근 복장에 관해서라면 남성보다는 여성에게 더 많은 선택권이 있다. 이는 축복일 수도 있고 저주일 수도 있다. 대학생을 대상으로 한 연구에서 남성보다 여성이 출근 복장에 신경을 더 많이 썼고, 전형적인 정장을 보았을 때 여성이 관습과 우월성을 연상하는 경우가 더 많았다. 여성이 직장에서 자리 잡기 전에, 그리고 직장에서 입을 옷을 고를 수 있는 자유가 있을 때는 정장을 입으면 부족한 전문적인 자아상이 보완된다고 생각할 수 있다. 그러나 여성이 직장에서 인정을 받으면, 틀에서 벗어난 옷을 입고 출근하거나, 패션 잡지를 비롯한 미디어에서 얻은 아이디어를 출근 복장에 적용하는 일이 많아진다.

입사 지원자가 입는 옷은 지위, 영향력, 능력을 표시한다고 여겨지고 면접과 업무에서 성공을 결정하는 요인이 될 수도 있다. 연구에 따르면 신체적 매력, 외모, 이미지는 채용 및 승진과 관련된 조직의 고용 결정에 영향을 미친다고 한다. 놀랍게도 고의적이고 노골적으로 이미지를 근거로 차별을 한 애버크롬비앤피치Abercrombie & Fitch 같은 기업도 있지만, 어떤 회사는 자신들의 채용과 선발 정책에 적용되는 이미지 규범이 어떠한 영향을 미치는지 인식하지 못할 수도 있다. 이미지 규범은 회사에 대한 개인의 반응, 회사에 관한 지식, 신념, 감정 같은 쉽게 식별되는 회사에 대한 이미지로 회사에서 암묵적으로 지켜지고 있을 수도 있다. 최근의 연구 결과에 따르면, 이미지와 관련된 문제는 소매업, 연예사업, 서비스업 종사자들에게 더 흔하게 발생한다. 이러한 직업이 폭넓은 소비자층과 대중을 상대하는 일이기 때문이다. 이 유형의 업계는 회사의 이미지와 일치하는 이미지를 지닌 지원자를 고용하려고 할 것이다. 이러한 기업에서는 신체적으로 매력적인 직원이 그렇지 않은 직원보다 고용, 승진, 임금 등 여러 항목에서 더 긍정적인 평가를 받는다. 그러나 일관되게 영향을 미치는 요소는 무엇보다도 지원자의 옷차림이라는 연구 결과가 있다. 지원자의 옷차림에 비해 신체적 매력, 지원하는 직종, 고용자의 성별은 지원자 평가에 미미한 영향만 미쳤다. 입사 면접만으로 지원자의 합격 여부를 예측하지 못하는 이유가 여기에 있는지도 모른다.

패션을 비롯한 다양한 업계의 주도적인 인물들은 일할 때 입는 복장으로 마치 유니폼 같은 옷을 선택한다. 정상에 있는 사람은 시간이 부족하다. 이들은 자신의 시간과 귀중한 인지 자원을 무엇을 입을지 고민하는 데 쓰고 싶어 하지 않는다. 그보다는 더 급히 처리해야 할 문제에 시간과 자원을 효율적으로 사용한다. 사실 우리가 매일 똑같은 옷을 입는다고 해도 직장 동료는 알아차리지 못할 가능성이 크다. 우리의 시각계는 똑같은 대상보다는 다른 대상을 의식하도록 설정되어 있기 때문이다. 진화론적 관점에서 우리는 다른 것을 잠재적 위험 신호로 여기고 이런 것들에 주의를 기울인다. 페이스북 설립자이자 현 CEO인 마크

저커버그Mark Zuckerberg는 옷을 단순하게 입기 때문에 자신의 인지 공간을 더 중요하고 급한 문제에 할애할 수 있을 것이다. 패션계의 중진들도 일할 때 유니폼 같은 옷을 입는다. 미국판『보그』의 편집장인 안나 윈투어Anna Wintour는 직선적인 실루엣이 심플한 시프트 드레스를, 뉴욕의 한 광고 회사 크리에이티브 디렉터인 마틸다 칼Matilda Kahl은 흰색 셔츠와 검은색 바지를 유니폼처럼 입는다. 정상을 향해 고군분투하는 사람들과는 달리 이미 정상에 선 사람들은 매력적으로 보이는 것보다는 자기 일에 더 신경을 쓰는 경향이 있다. 이들에게 가장 중요한 것은 맡은 일을 훌륭하게 해내는 것이다.

소통 수단으로서의 패션

소통 수단으로서 패션은 언어학에 비유되며 지지를 받았고, 옷은 부호, 구문론, 의미론 같은 문법의 기본 요소에 비유되었다.[25] 그러나 매크래컨McCracken과 로스Roth는 옷 하나만이 아니라 전체적인 외모를 바탕으로 해석이 이루어진다고 주장한다. 이들은 이 해석에 충분히 관심을 가진 사람이 있다는 전제하에, 외모에 대한 해석이 구체적 상황에 따라 달라진다고 말한다.[26] 따라서 패션의 절정이라고 여겨지는 것은 그것을 지각하는 사람이 패션에 대해 알고 있을 때만 절정이라고 지각된다. 실제로 볼트우드Boultwood와 제라드Jerrad는 패션에 대해 역사적으로 의미 있는 정신분석적 해석을 내놓았는데, 몸과 옷의 소통 방식은 서로 모순되는 다양한 메시지의 혼합체로 관찰자와 착용자에게 모호함을 일으킨다고 말한다.[27] 결국 자기가 입은 옷이 남들에게 어떻게 지각되는지를 예측하는 일은 쉽지 않다. 공통된 이해를 확인하거나 자신이 의도한 바가 실제로 무엇인지 설명할 방법이 없기 때문이다.

소통은 발신인과 수신인 사이에 메시지가 전송되는 것이다. 소통의 과정은 복잡하다. 섀넌Shannon의 정보 이론은 소통이 발생하는 맥락과 소통의 본질인 상호성을 무시했다는 비판을 받아 왔지만, 외모가 본질적으로 소통적 특성을 보였다는 사실을 고려하면 서로 대면한 상태의 소통에 대해서는 이 이론이 설득력을 지닌다.[28] 섀넌의 정보 이론을 간단히 설명하자면, 메시지의 전송 과정에서 발생한 '잡음'이 메시지를 방해하기 때문에 수신된 메시지가 발신된 메시지와 다를 수 있다는 것이다. 정보 이론에서 잡음이란, 여러 요소의 결과로 소통 과정 중 어느 단계에서든 들어올 수 있는 모호하거나 잉여의 정보를 일컫는다. 여기에는 처음에 의도된 메시지, 발신인, 전송 수단, 수신인이 포함된다. 연구에 따르면, 해석은 주의, 공감, 패션 지식, 경험, 기대, 지각하는 사람의 다양한 개인차 같은 여러 가지 인지적, 행동적 요소가 복잡하게 뒤섞인 것이다. 따라서 옷을 수단으로 한 소통은 아무리 잘 이루어지더라도 모호하고, 최악의 경우에는 이해가 불가능하다.

시각적 소통을 비롯한 비언어적 소통의 해석이 부정확하다는 것은 충분히 입증된 사실이며, 이는 외모로 사람을 판단하는 것이 정확한지 고려할 때 중요한 근거가 된다. 판단을 내릴 때 오류가 발생하는 이유 중 하나는 우리가 발견법heuristics(모든 경우를 고려하지 않고 나름대로 발견한 기준에 따라 그중 일부만 고려하여 문제를 해결하는 방법으로, 처리 부담을 줄여주는 대신 옳은 답을 보장하지는 못함 – 옮긴이 주)을 활용해 판단하기 때문이다. 발견법은 인지적 편향의 한 예로, 고정관념처럼 한 부분에서 만들어진 인상이 다른 부분에 대한 의견에 영향을 미치는 경향을 말한다. 우리는 늘 마주하는 환경으로부터 받는 수많은 감각 정보를 처리하기 위해 발견법을 이용한다. 만약 발견법을 이용하지 않고 모든 감각을 분석하려 한다면 한정된 인지 능력을 다 써버리고 말 것이다. 인간은 본래 생각할 때 게으른 성향이 있다. 분석적 사고를 하려면 한정된 주의 집중 자원을 써야 하는데, 우리는 이 한정된 자원을 새롭거나 위협이 되는 상황을 위해 남겨둔다. 대부분 상황에서 발견법을 사용하는 것은 문제가 되지 않는다. 결과가 완벽하지는 않더라도 보통 충분히 받아들일 만하기 때문이다. 즉, 발견법으로도 충분하다. 그러나 시간보다 정확성이 더 중요한 경우에 발견법을 적용하면 형편없는 결정을 할 수 있고, 결국 불리한 결과를 얻게 된다. 우리는 눈 깜짝할 사이에 외모로 다른 사람을 판단한다. 그런 다음 그 사람이 매력적인지 아닌지, 그 사람을 좋아할 것인지 말 것인지를 결정한 후 그 사람의 외모만을 바탕으로 많은 심리적 특성을 상대에게 부여한다. 이것이 바로 한 부분의 요소가 다른 부분의 결과에 영향을 준다는 후광 효과이다. 후광 효과는 인지적 편향의 한 예이다. 우리가 입은 옷은 우리 자신의 인상을 전달하고 반영하는 것 이상을 한다. 최근의 연구 결과에 따르면, 우리가 입은 옷은 다른 사람들이 우리를 어떻게 평가하는지에 영향을 주는 것 이상을 할 수 있다. 다시 말해, 옷은 우리의 감정과 사고방식에도 영향을 준다. 복식효과는 체화된 인지embodied cognition(인지할 때 뇌뿐만 아니라 온몸이 사용되어 몸을 통해 느끼고 경험한 감각이 인지의 일부가 되는 것 - 옮긴이 주) 개념이 발달하여 만들어진 개념이다. 체화된 인지와 복식효과에 관해서는 이번 장 마지막에서 다룰 것이다.

움베르토 에코Umberto Eco는 자신이 '옷을 통해 말한다'고 주장했다. 옷이 음성 언어나 문자 언어와 유사한 과정을 거쳐 메시지를 전달한다는 의미이다. 이러한 관점에서 옷은 기표signifier의 역할을 한다.[29] 이와는 반대로 고프먼Goffman은 패션의 비언어적 의미를 그저 몸에 윤기를 더하는 '바디 광택제'라고 설명했다.[30] 루리Lurie[31]는 플루겔Flugel[32]이 정의한 대로, 옷과 장식의 중요성을 마치 언어를 분석하듯 부호, 구문론, 의미론과 같은 언어적 요소의 측면에서 고려했다. 솔로몬Solomon은 옷 스타일과 시간이 흐름에 따라 옷 스타일에 영향을 주는 패션을, 부호와 부호를 결정하는 맥락과 해석에 비유했다.[33] 이러한 의미에서 특정한 옷이 의미하는 특정한 부호를 해석하려면, 앞서 설명했듯이, 옷을 입은 사람, 특별한 경우, 상황, 그 자리에 있는 다른 사람, 옷을 입은 사람과 지각하는 사람의 여러 개인차 같은 요소를 고려해야 한다. 솔로몬에 따르면, 움베르토 에코가 말한 기호학의 관점에서 옷을 생각하면 기의-기표의 관계가 옷의 맥락에서는 불안정하다고 말한다. 왜냐하면 옷과 관련된 의미는 취향, 사회 정체성, '한 사회의 상징적 상품들에 대한 접근 정도'[34]와 같은 많은 요소의 영향을 받기 때문이다. 따라서 우리가 입는 옷의 의미는 문화적, 사회적, 심리적 측면에서 해석되어야 한다. 바너드는 옷이나 패션을 언어로 보는 생각에 대해, 옷을 언어로 이해하는 것은 문제가 많고 경솔하다고 비평한다.[35] 소통 수단으로서의 옷은 '부호'의 역할을 한다고 하지만, 옷이라는 부호는 사람마다 다른 의미가 있다. 그리고 맥락도 늘 고려대상이 되어야 하는데, 맥락에 대한 고려 없는 일반적인 의복 지각에 대한 연구보다, 사회적 상호관계라는 맥락 안에서 보여지는 옷이 더 방대한 정보를 제공하기 때문이다.[36] 패션 연구에서 옷에 부여하는 문화적 의미를 비판하는 사람들도 있다. 이러한 연구에서 제시하는 문화적 의미가 사람들이 실제로 매일 입는 평범하지만 다양하고 유동적이며 색다른 옷이 아닌, 여러 상황에 따라 목적과 용도를 뚜렷하게 정해 입는 '어케이전 웨어occasion wear'에만 과도하게 집중해서 만들어진 인공물이라고 말한다. 따라서 옷을 통해 개인에 대한 정보를 전달하는 일은 복잡하고, 단순히 범주화나 정형화할 수도 없다.

외모만으로 의사소통하려는 시도의 문제점은 애쉬Asch가 주장한 인상 형성 이론에 근거한 몇몇 초기 연구자들에 의해 조명되었다.[37] 애쉬는 게슈탈트 틀Gestalt framework을 적용하여, 정보의 다양한 요소들이 통합되어 하나의 전반적인 인상이 만들어지는 방식을 연구했다. 인상 형성 이론에 따르면, 전반적인 인상은 통합된 전체이며 (아리스토텔레스Aristotle가 주장했듯) 부분의 합보다 크거나 (코프카Koffka가 말했듯) 부분의 합과는 다른 것이다. 이 개념을 뒷받침한 연구가 있는데, 옷과 같은 하나의 외모 신호가 인상 형성에 미치는 영향이 다른 외모 신호에 따라 달라진다는 연구이다. 그러나 이 연구의 상당 부분은 친숙한 사람이 아닌 낯선 사람에 대한 인상에 초점을 맞추고 있다. 이에 대해, 잘 아는 사람이거나 꾸준히 관찰한 사람의 경우 옷이 인간관계에서 형성된 지각에 미치는 영향은 미미하다고 밝힌 연구도 있다.

몸, 정신, 옷의 상호 관계

누구나 '행운'의 옷이나 복장에 대해 들어본 적이 있을 것이다. 무언가를 간절히 원할 때 입는 옷이며, 이 옷을 입으면 우리가 원하는 것을 가질 수 있다. 물론 '행운'의 옷 같은 것은 실제로 없다. 우리가 경험한 '행운'은 많은 요소들이 모인 결과이다. 여기에는 우리의 행동, 태도, 경험, 기대와, 우리가 교류하는 한 사람이나 여러 사람의 행동, 태도, 경험, 기대, 그리고 특정 상황이 만드는 다양한 요소도 포함된다. 그런데 이러한 모든 요소가 우리에게 유리하게 작용하고 결과가 긍정적이면 우리는 이를 '행운'의 옷을 입은 결과라고 확신하게 된다. 이는 인지적 편향의 하나로, 우리가 발견법적 사고를 통해 동시에 발생한 두 개의 관련 없는 사건 사이에 관계가 존재한다고 믿게 되는 것이다. 그런 다음에 인과관계를 적용하여 '행운'의 옷이 긍정적인 결과를 가져왔다고 생각한다. 그러나 실제로는 우리가 그 옷을 입었기 때문에 자신감이 커졌고 우리가 교류하는 사람들이 이 자신감을 알아차려서 우리가 원하는 결과가 나타난 것일 수도 있다.

흥미로운 점은 옷에 상징적인 의미를 부여해서 우리의 감정은 물론 뒤에서 다룰 내용인 사고방식까지도 바꿀 수 있다는 사실이다. 우리가 가진 아무 옷이나 '행운'의 옷으로 변신시키면 그 옷이 가진 상징적인 힘을 이용해 자신감 혹은 원하는 감정을 높일 수 있다. 20세기 초 심리학자들은 행동과 감정에 있어 몸과 정신의 통합된 역할을 이해하려고 노력했다. 많은 논의 끝에 내린 결론은 몸의 반응과 정신적 판단이 동시에 일어난다는 것이었다. 이러한 결론은 감정이 신체적 변화를 불러올 수 있다는 인지적 평가 이론에 관한 최근 연구에서도 입증된 바 있다. 인지적 평가 이론에 따르면, 사람들은 어떤 사건을 바라볼 때 자신의 감정적 반응에 따라 해석한다. 이 이론은 신경 과학의 관점에서도 설명된다. 특정 상황에서 우리가 해야 할 행동을 결정하는 것이 우리의 몸이다. 체화 체계embodiment framework의 요점은 모든 심리적 과정이 몸의 영향을 받는다는 것이다. 이와는 반대로, 환경에서 일어나는 행동의 바탕에는 인지가 존재하고 인지는 내적 표상 없이도 일어날 수 있다고 주장하는 학자도 있다. 체화된 인지라는 개념은 설득력이 있긴 하지만, 이를 옹호하는 사람들이 주장하는 인식체계의 대전환을 일으킬 정도의 확신을 주지는 못하는 것 같다.[38] 그런데도 몸과 뇌 구조, 그리고 의식, 감정, 자기 인식 같은 개념 사이에는 상관관계가 존재한다. 복식효과[39]라는 용어는 몸과 정신의 관계가 인지에까지 영향을 준다고 이론을 확장한 연구에서 처음으로 정의되었다.[40]

복식효과에서는 동시에 일어나는 두 가지 요소에 의해 결정되는 현상을 이용해 옷이 어떻게 인지에 영향을 미치는지 설명한다. 여기에서 두 가지 요소란, 옷이 갖는 상징적 의미와 실제로 옷을 입는 행동을 말한다. 애덤Adam과 갈린스키Galinsky에 따르면, 옷을 입는 경험이 이 옷과 관련된 추상적 개념과 상징적 의미를 불러일으키고, 그로 인해 옷을 입는 사람은 옷과 옷이 지닌 상징적 의미를 '체화'하게 된다.[41] 이 과정에서 옷은 옷이 가진 추상적 개념을 활성화해 그 사람의 심리적 과정에 영향을 미친다. 애덤과 갈린스키는 이 가설을 검증하기 위해 흰색 실험실 가운을 선택해 이것이 의사와 과학자가 입는 옷이라고 실험자에게 설명했다. 흰색 실험실 가운은 과학적인 보살핌과 주의에 집중한다는 것을 상징한다고 연구자는 설명했다. 38명의 실험 참가자는 실험실 가운을 볼 때 주의, 신중, 책임, 과학적 집중과 같은 개념이 연상되는 정도를 1(전혀 연상되지 않는다)부터 5(매우 연상된다)까지 평가했다.

연구자들은 세 가지 실험을 시행했다. 첫 번째 실험에서 58명의 실험 참가자에게 '스트룹 테스트'를 실시했다. 스트룹 테스트는 색깔을 나타내는 단어가 다른 색깔로 제시되는 시험으로, 예컨대 빨강이라는 단어가 파란색으로 쓰여 나타난다. 이 테스트는 어떤 자극에 집중하는 동안 다른 자극은 무시하는 능력인 선택적 주의를 측정하는 데 사용된다. 참가자의 절반은 흰색 실험실 가운을 입고 테스트를 시행했고 앞서 다른 참가자가 한 테스트와 같은 것이라고 말해줬다. 나머지 절반은 입고 있던 옷을 그대로 입고 테스트를 했다. 흥미롭게도 실험실 가운을 입은 참가자는 가운을 입지 않은 참가자에 비해 실수를 절반 정도밖에 하지 않았다. 두 번째 실험에서는 참가자를 세 집단으로 나눴다. 첫 번째 집단에는 실험실 가운을 입히면서 의사 가운이라고 설명했고, 두 번째 집단에는 화가의 가운이라고 설명했다. 세 번째 집단은 실험실 가운이 책상 위에 놓여 있는 것을 보기만 했을 뿐 입지는 않았다. 모든 참가자에게 '다른 그림 찾기' 테스트를 시행해 이들의 지속적 주의를 평가했다. 그 결과 의사 가운이라고 설명한 실험실 가운을 입은 참가자가 나머지 두 집단보다 좋은 결과를 냈다. 마지막 실험에서 연구자는 다른 참가자를 세 집단으로 나눴다. 마찬가지로 첫 번째 집단은 의사 가운이라고 설명한 실험실 가운을 입었고 두 번째 집단은 화가의 가운을 입었으며 마지막 집단에게는 가운에 대해 짧은 글을 쓰라고는 했지만 입지는 말라고 요청했다. 그런 다음 모든 참가자에게 '다른 그림 찾기' 테스트를 했다. 실험 결과, 의사 가운을 입은 참가자가 지속적 주의 시험에서 가장 수행 능력이 높았다. 실험실 가운과 동일시하는 글을 쓴 실험자가 두 번째로 높았고, 화가의 가운을 입은 실험자의 수행 능력이 가장 낮았다. 애덤과 갈린스키의 연구는 옷이 우리의 인지에 얼마나 깊은 영향을 미칠 수 있는지 보여준다.

맺으며

이 책 전반에 걸쳐 우리는 옷이 강력한 수단이기는 하지만 우리를 표현하기에는 모호한 수단임을 알았다. 색을 지각하는 일은 복잡하지만, 빨간색이나 검은색 옷을 입으면 다른 색 옷을 입는 것보다 더 매력적이고 관능적으로 보일 수 있다. 그러나 어떤 사람은 빨간색이나 검은색을 공격적이라 여기기도 한다. 옷을 통해 의미를 전달하는 것은 복잡한 일이며 많은 요인, 그중에서도 특히 맥락에 의해 좌우된다. 옷은 기분, 자존감, 관찰자에게 주는 인상에 영향을 미칠 뿐만 아니라 복식효과로 설명되는, 옷을 입은 사람의 인지 능력에도 영향을 줄 수 있다.

07

패션의 현재와 미래

분명 패션은 우리가 누구인지 표현하는 것 이상으로 중요한 의미를 지닌다. 인간은 디자인에서부터 생산, 제조, 광고, 마케팅, 시각 판촉, 판매, 소비, 처분에 이르는 패션의 모든 과정과 관련되어 있다. 패션은 우리의 자기 지각과 자존감에 영향을 미친다. 패션은 창의적이고 흥미진진하고 역동적이지만 많은 문제점도 가지고 있다. 학문으로서 패션 심리학의 목표는 옷이 옷을 입은 사람에 대해 무엇을 알려주는지에 대한 이해를 넘어, 패션업계 전반에 걸친 인간의 행동을 이해하고 패션계의 근로자와 소비자의 삶은 물론 우리 모두가 살고 일하는 환경에도 긍정적인 변화를 이끄는 것이다.

전반적인 요약

열악한 근무 환경, 과잉소비, 패션업계가 퍼뜨린 아름다움에 대한 편협한 고정관념은 윤리적인 문제를 낳았고 지금까지 해결되지 않았다. 심리학자는 패션업계 전문가들이 보다 포괄적이고 다양한 '아름다움'을 표현하도록 지원하고, 심리학을 통해 이러한 중요한 문제를 파악하고 인간의 행동을 예측해 궁극적으로 변화시킬 수 있다.

이번 장에서는 지금까지의 핵심 주장을 요약하고 통합하여 패션 심리학의 미래에 대해 생각해 볼 것이다. 이 책을 다 읽었다면 이번 장을 통해 패션과 행동이 어떻게 서로 밀접하게 연결되어 있는지 잘 이해할 수 있으며, 패션과 행동, 그리고 우리가 사는 세계가 서로 어떤 영향을 주고받는지도 알게 될 것이다. 또한 이 책의 끝에 나온 추가자료 목록을 참고하면 더 깊은 지식을 얻을 수 있다. 그리고 우리가 입는 옷의 다양한 측면과 옷을 입는 방식이 직장 생활과 여가 생활에 어떻게 중요하게 작용하는지도 알게 된다. 소셜미디어가 안녕감과 정신건강에 미치는 영향을 더 깊이 이해하고, 그 결과 전과는 다른 방식으로 미디어의 이미지와 상호작용하게 될 것이다. 또한 패션 생산과 소비가 환경에 미치는 영향을 고려하여 보다 지속 가능한 접근 방식을 취하게 될 것이다.

패션 이론가나 문화 이론가가 패션, 옷, 의류가 지니는 '의미'와 외모를 통해 이 의미를 해석하는 방법에 대해 설명하기는 하지만, 이들은 보통 비심리학적 관점에서 접근한다. 이러한 방식은 많은 점에서 문제를 일으키는데 지각, 즉 감각을 해석해서 의미를 끌어내는 일은 복잡하고 주관적인 심리적 과정이기 때문이다. 심리학자들이 패션을 등한시했던 데에는 많은 이유가 있겠지만 이제는 추세가 변하고 있다. 이제 패션 산업은 인간 행동의 역할에 대해 진지하게 인식하고 있다. 몇몇 대학과 컨설턴트는 심리학적 지식을 패션에 응용하여 옷이 우리를 표현한다는 개념을 분석할 뿐만 아니라 지속 가능한 습관에서부터 창의성의 심리적 과정에 이르기까지 업계 전반에 걸쳐 나타나는 인간 행동을 이해하려 한다.

학문의 관점에서는 패션이 감각 지각, 주의, 기억, 창의성, 소통과 어떻게 관련되어 있는지를 살펴보았다. 두 번째 피부라 할 수 있는 패션을 통해 우리는 정체성을 확립하고 표현할 수 있다. 패션은 옷, 액세서리, 머리 모양, 화장을 포함한다. 패션은 우리 자신을 타인에게 알릴 수 있는 수단이며, 그렇기 때문에 패션은 추론, 의사 결정, 문제 해결, 사회적 상호 작용과 관련되어 있다. 문화적 현상으로서 패션은 의미와 상징을 지니고 있기 때문에 즉각적인 시각적 소통을 일으킨다. 패션에 관심 없다고 말하는 사람도 모두 옷을 입는다. 패션은 본질적으로 인간 행동과 밀접하게 연결되어 있다. 따라서 패션은 심리학이다!

지난 수십 년간 패션 연구에 쏟아진 관심은 엄청나다. 이러한 현상에는 소비자 연구에 대한 관심 증대와 패션 산업이 세계 경제에서 갖는 중요성도 일부 작용했다. 앞에서 다룬 패션에 관한 간략한 역사에서는 기능과 장식의 역할을 하는 옷이 차별화와 소속의 수단으로 활용되어 온 긴 역사를 되짚어 보았다. 산업 혁명으로 촉발된 급격한 변화에 대해서도 논의했다. 이 논의를 현재로 가져와, 사회 집단과 하위문화로 대표되는 문화적, 사회적 현상으로서의 패션의 의미를 생각해 보았다. 이 내용은 4장에서 자세히 다루었다. 패션은 파티 드레스를 입고 호들갑 떠는 것 이상을 의미한다. 엔트위슬Entwistle, 2015이 말한 것처럼, 우리는 패션이라는 학문이 학문의 경계를 무너뜨린다고 주장해 왔다. 패션 이론가와 문화 이론가는 패션의 여러 측면에 대해 논의하고 토론하고 비평해 왔다. 많은 패션 이론가들은 옷과 몸의 관계에 집중한다. 그러나 몸과 정신의 본질적인 상호관계에 대해서는 마치 이 둘이 독립적으로 작용하기라도 하는 것처럼 좀처럼 논의하지 않는다. 그러면서도 이들은 패션이 정체성과 개성에 미치는 영향에 대해서는 편하게 이야기한다. 이것이야말로 심리적인 것이 아니고 무엇이겠는가? 이 책에서는 패션이 인간 행동과 본질적으로 깊이 연결되어 있다고 보기 때문에 패션을 심리학의 한 형태로 간주한다. 이로 인해 얻는 이점 중 하나는, 심리학이 과학이기 때문에 자기 성찰, 개인적인 진술, 직관을 넘어서 과학적 수단을 이용해 증거를 얻을 수 있다는 점이다. 인간 행동을 과학적으로 분석하면 행동을 이해하고 예측할 수 있고, 여기에서 얻은 지식을 활용하면 패션 산업이 현재 초래하는 윤리적, 사회적 문제에 스스로 대응할 수 있도록 도움을 줄 수 있다.

정신건강 문제는 전 세계적으로 점차 심각한 문제가 되고 있다. 2장에서 소개한 비교적 새로운 심리학의 하위학문인 긍정심리학에서는 정신건강 문제의 증상에 대처하기보다 원인을 찾아 해결하려 한다. 긍정심리학에 대한 비상한 관심은 지난 20여 년간 건강과 안녕감에 대해 높아진 관심과 무관하지 않다. 심리적 안녕감은 긍정심리학의 한 요소로서, 성격 강점을 찾아내 활용하는 능력이 어떻게 안녕감을 향상시키는지에 관한 것이다. 셀리그만이 언급한 우리보다 더 큰 존재에게 자신이 기여하는 삶, 즉 의미 있는 삶을 살면 우리의 안녕감은 한층 더 향상될 수 있다.[1] 패션을 통해 의미 있는 삶을 추구할 수 있는 한 가지 방법은 어떤 옷을 사고 어떻게 옷을 처분할 것인가에 대해 윤리적이고 책임감 있게 생각하고 행동하는 것이다. 책임감 있는 소비에 대해서는 5장에서 다뤘다. 패션계의 윤리적, 사회적 책임과 관련된 또 다른 중요한 문제는 패션업계가 근로자를 대우하는 방식이다. 디자이너와 모델 같은 패션 전문가부터 공장에서 노동력을 착취당하는 노동자까지 패션업계 종사자들은 정신건강 문제를 더욱 악화시키는 환경에 계속 노출되어 있다. 패션 산업이 정신건강 문제를 가진 사람들을 끌어모으는 것이든, 아니면 패션 산업이 정신건강 문제를 일으키는 것이든, 정신건강 문제를 지닌 사람을 무심코 지나쳐서는 안 된다. 섭식장애는 사람들이 흔히 겪는 정신건강 증상 중 하나이다. 섭식장애를 일으키는 원인은 다양하겠지만, 신체 만족감이 낮은 사람이 섭식장애는 물론, 불안감과 우울증 같은 정신건강 문제를 겪을 확률이 더 높다는 연구 결과가 있다.

패션과 패션 미디어가 내보내는 '이상적 이미지'를 피할 방법이 없기 때문에 이러한 이미지가 우리에게 미치는 영향은 해롭다. 패션 소비자인 우리는 이상적 이미지와 자신을 연결 짓는다. 사회 심리학에서 주장하듯 우리는 우리가 갈망하는 사람과 동일시하기를 좋아하기 때문이다. 이러한 이유에서 도달할 수 없는 이상적인 패션 이미지가 미치는 심각한 영향은 자신을 이 이미지에 비교하는 사람은 물론 이러한 이미지에 도달하고자 하지만 결국 실패하는 사람에게도 치명적인 결과를 가져온다. 3장에서는 신체 불만족이 여성과 점차 남성에게까지 삶 전반에 걸쳐 어떤 문제를 일으키는지 설명했다. 다행히 많은 사람들에게 신체 불만족은 이따금 나타나지만, 이 감정이 꾸준히 지속되어 스트레스가 되면 이형장애라는 정신건강 문제로 발전할 수 있다. 한편 외모와 '아름다움'을 중요시하는 요즘의 분위기에 휩쓸려 성형시술을 고민하는 사람도 있다. 많은 시술자가 규제를 피해 시술을 하는 것을 생각하면 성형시술의 증가는 우려스럽다. 너필드 생명윤리위원회는 2017년 발표한 성형수술의 수요와 공급에 관한 보고서에서 이 문제를 다루었다.[2] 이 보고서에서는 그 외에도 소셜미디어 사용의 증가, 셀러브리티 문화, 경제 및 사회적 추세, 젊음을 중시하는 문화 등에 대해 설명했다. 또한 수요와 공급 양쪽 모두의 윤리적 관행을 개선할 것을 권고했다. 광고표준위원회, 소셜미디어 회사, 오프컴, 평등인권위원회, 교육부, 앱스토어에 자신들의 소관을 벗어난 콘텐츠와 관련해서도 주의 깊게 관찰할 것을 촉구했으며, 나아가 영국 왕립외과 대학은 성형수술의 기준을 높이는 데 앞장서야 한다고 제안했다.

패션과 미디어 산업으로 인해 성형시술에 대한 관심이 높아지는 것은 분명하다. 사춘기 소녀들이 패션 블로그를 읽으면 이상화된 마른 몸을 더 많이 내재화하고 성형수술에 대해 더 많이 고민하게 된다는 증거는 앞서 제시했다. 그보다 나이든 여성을 부추기는 것은 영원한 젊음에 대한 환상이다. 패션과 미디어 산업은 이들에게 노화는 두려운 것이고 피할 수 없는 질병이라 주입하고, 이에 맞서 영원한 젊음을 실현해 줄 수 있는 것은 성형시술이라고 말한다. 나이든 여성이 자신의 몸과 외모에 대한 공감을 얻으면 성형시술을 할 가능성이 낮아진다는 연구 결과가 있다. 젊은 여성과 남성은 소셜 네트워킹 사이트를 많이 이용하기 때문에 패션 이미지에 더 민감하다. 나이든 사람도 이런 매체를 점점 폭넓게 사용하게 되면서 자신의 신체상에 부정적인 평가를 하게 될 수도 있다. 소셜 네트워킹 사이트는 평범한 사람들을 소수 특권층만이 누릴 수 있었던 세계로 인도했다. 그 덕분에 사람들이 소셜 네트워킹 사이트를 많이 이용하게 되었고, 이미지를 바탕으로 한 사회비교가 만연하게 되었다. 지난 몇 년간 이 문제에 대한 인식이 높아져 많은 사람들이 관심을 보였지만 눈에 띄는 변화는 거의 없었다. 심리학자는 부모, 보호자, 교사를 교육하고 지원하여 아이들이 올바른 자기 지각을 가질 수 있도록 돕고, 외모보다는 다른 특성이 더 지속 가능하고 결국엔 더 가치 있다는 것을 이해하도록 도와주어야 한다. 심리학자는 또한 소비자가 미디어 이미지를 내면화하지 않고 탐색할 방법을 알려주어 부정적인 비교를 하지 않도록 도와줄 수 있다. 그리고 패션업계 전문가와 협업하여 좀 더 포괄적이고 현실적인 미의 정의를 포용해서 소비자의 행복을 증진할 수 있다.

사회적, 문화적으로 확립된 자아와 정체성의 개념과 옷을 분리하여 생각하기는 힘들다. 4장에서 이 내용을 중점적으로 다루면서, 우리가 사회화 과정을 통해 어떻게 자신에 대해 알게 되는지, 그리고 이것이 우리의 자아 개념에 얼마나 중요한지를 논의했다. 자아와 정체성의 측면에서 패션은 자신에 대해 알고, 궁극적으로는 스스로를 고양시키는 주관적인 동기를 의미한다. 이러한 패션의 개념은 자존감과 자기 인식의 형성 과정에서 패션이 하는 역할을 토대로 정의된 것이다. 이를 설명하기 위해 다음의 여러 가지 이론을 제시했었다. 자기 지각 이론은 태도 형성에 관한 것으로, 타인이 우리를 어떻게 보고 판단하는지 상상함으로써 우리의 태도가 일부분 형성된다는 이론이다. 사회 인지 이론에서는 우리의 행동이 인지적, 정서적, 생물학적 결과와 다면적인 환경적 사건과의 복잡한 상호작용을 통해 어떻게 형성되었는지를 설명한다. 우리는 '비슷한' 사람들끼리 같은 사회 집단에 대입하여 범주화하고 정형화해서 이 복잡한 과정을 해결한다. 사회 정체성 이론에서는 동조하려는 욕구와 특별하고 싶은 욕구가 동시에 나타나는 딜레마를 설명한다. 이 이론은 우리가 사회 집단에 소속되었음을 알고 있을 때 자아가 어떻게 향상되는지를 알려준다. 이와 관련된 것이 사회 비교 이론이다. 우리는 스스로에 대해 만족감을 느끼겠다는 의도된 결과를 미리 가지고 다른 사람과 비교를 통해 우리의 지위를 가늠한다. 결과적으로 상향 사회비교는 부족함이라는 부정적 감정을 끌어내지만, 하향 사회비교는 긍정적 감정을 일으키고 자기 평가를 높인다. 자기 불일치 이론은 자신이 인지하는 실제 자아와 이상적 자아 사이의 불일치로 인해 겪은 심리적 불편함을 설명한다. 귀인 이론은 우리가 어떻게 과거 사건에서 의미를 만들어 내고 원인을 찾도록 동기 부여되는지 다룬다. 우리는 다른 사람의 행동과 그에 따른 결과에 대한 정보를 이용하여 그 행동의 원인을 기질이나 성격 특성에서 찾는 '대응 추리'를 한다. 이러한 이론들을 바탕으로 자아 정체성과 자기표현에 있어서 패션이 하는 역할을 설명했다.

음악, 영화, 패션에서 성적인 것에 집중하는 현 세태는 점차 늘어나는 이미지 기반의 콘텐츠와 더불어 대상화라는 부정적 경험을 만들어 낸다. 성적 대상화를 경험하고 사회화하면 신체 감시, 신체 불만족, 외모에 대한 불안감, 섭식장애 같은 정신건강 문제를 겪을 수 있다. 연구에 따르면, 대중 매체에서 여성의 이미지를 다양하게 제시하면 자기 대상화의 발생 정도와 이와 관련된 부정적인 결과를 감소시킬 수 있다. 안타깝게도 이 메시지는 현재의 이상적 이미지를 창조하고 고착화하는 패션 업계 전문가들의 관심 대상이 아닌 듯하다. 최근에 개선의 움직임이 보이긴 했지만, 일부 사람들은 그마저도 형식적인 제스처에 불과하다고 말한다. 장애인, 노인, 흑인이나 아시아인의 이미지를 패션쇼 무대나 그 외 패션 관련 장소에서 보기가 여전히 힘들기 때문이다. 이러한 사람들을 등장시키지 않거나 왜곡하여 표현하거나 소외시킴으로써 나타나는 영향에 대해서도 이야기했다. 4장에서는 주제를 사회 집단과 하위문화로 옮겨서 우리가 사회 집단에서 얻는 소속감과, 패션을 통해 우리가 속한 사회 집단과 하위문화를 표현하는 방식에 대해 다루었다. 미에 대한 편협한 고정관념이 패션을 통해 널리 퍼지고, 그 결과 많은 소수 집단의 불만을 초래한 것은 분명한 사실이다. 소비자가 자신과 비슷해 보이는 사람이 옷을 입은 모습을 보고 싶어 한다는 연구 결과만 보더라도, 이 문제는 가볍게 넘겨서는 안 될 사안이다. 최근 변화의 조짐이 있긴 하지만 여전히 패션쇼 무대나 잡지에서 장애인, 노인, 흑인, 아시아인 모델을 찾기는 쉽지 않다. 더욱이 '미'의 정형화된 이미지는 수십억 달러 가치의 화장품 산업에 의해 더욱 강화되고 있다.

6장에서는 패션과 행동에 관해 다루면서 우리가 옷을 선택하는 행동 이면에 숨겨진 이유에 대해 설명했다. 쇼핑은 가장 인기 있는 여가 활동 중 하나이다. 소비자로서 우리는 '소유하는 것이 곧 존재하는 것이다'라는 말을 믿고 있을지도 모른다. 쇼핑을 할 때 사람마다 선호하는 바가 다르다. 이러한 차이는 인구통계학이나 사이코그래프(개성의 각 측면을 나타내는 몇 가지 항목을 들어 특정 개인에 관해 그 항목마다 특성을 평가하여 그래프에 나타낸 것 – 옮긴이 주)를 기준으로 분류될 수도 있으며, 이러한 자료는 우리가 옷을 쇼핑할 때 취하는 방식에 도움이 될 수 있다. 5장에서는 피츠퍼레이션의 부상과 패션으로서 애슬레저의 인기에 대해 간략히 설명했다. 이어 과시적 소비가 19세기 후반에 등장한 용어이지만 오늘날까지도 여전히 의미 있는 개념임을 이야기했다. 충동 구매나 강박적 구매 같은 특정 쇼핑 행동의 밑바탕에는 과시적 소비가 깔려 있을지도 모른다. 강박적 구매 행위에 중독되면 강박적 구매장애라는 정신건강 문제로 발전한다. 이 문제는 보통 청소년기에 시작되며 물론 남성이 자신의 문제를 바깥으로 드러낼지 여부에 따라 달라지겠지만 남성보다는 여성이 강박적 구매장애를 겪을 확률이 더 높다.

패스트패션 산업과 관련된 많은 문제 중 하나는 과잉소비이다. 재활용, 재사용, 새활용으로 패션과 원단의 낭비를 줄일 수 있지만, 이를 대하는 태도는 개인마다 다르다. 이러한 차이가 나는 이유 중 하나는 상징주의로, 이는 옷과 연관된 심리적 본질주의이다. 긍정적인 측면에서 패스트패션은 평범한 패션 소비자도 최신 유행의 패션 스타일을 적당한 가격에 구매할 수 있게 한다는 점에서 일종의 평등을 실현한다고 볼 수 있다. 그러나 소비자는 싼 가격에 혹하여 자신이 사는 옷의 품질은 고려하지 않을 수 있다. 그 결과 패스트패션 아이템은 쓰레기 매립지에 버려지기 전까지 몇 번 못 입는 경우가 대부분이다. 또한 소비자는 높은 가격이 곧 좋은 품질이나 윤리적 생산방식을 의미한다고 오해할 수 있으나, 이미 언급했듯이 늘 그런 것은 아니다. 6장의 뒷부분에서는 인간의 안녕감을 높이는 옷의 힘에 대해 설명하는 최근의 두 가지 연구를 소개했다. 이제 인식을 제고하는 단계에서 긍정적인 변화를 끌어내는 단계로 이동할 때가 왔다. 안녕감을 증진하고 환경 피해를 줄이고자 한다면 당면한 딜레마를 해결하는 일이 더 늦어져서는 안 된다. 심리학자는 이러한 중요한 문제 해결에 도움을 줄 수 있는 전문가이다. 심리학자는 인간의 행동을 변화시키기 위해서 증거에 기초한 철저하고 반복적인 중재안을 만들 수 있다. 그리고 이것이 문제 해결의 출발점이 될 것이다.

20세기 초에 실시된 연구에서는 사람들이 동성에게 잘 보이고, 정숙해 보이고, 신체적 특징을 돋보이게 하려고 옷을 입는다는 결과가 나왔다. 이후 나온 연구에 따르면, 우리는 사회에 동조하고, 외모를 최대한 멋지게 보이고, 자신을 표현하려고 옷을 입는다. 의도했든 아니든, 우리가 입은 옷은 실제와는 다른, 의도하지 않은 메시지를 전달할 수도 있고, 우리의 행동, 기분, 심지어 인지에까지 영향을 미칠 수 있다. 색은 패션에서 중요한 특징이지만 우리가 지각하는 색은 다양한 신체적, 심리적 과정의 한 요소일 뿐이다. 몇 해 전 소셜미디어에 파장을 몰고 온 '드레스 논란'의 예를 통해 이 과정을 설명했다. 빨간색과 검은색은 옷과 외모에 관한 연구에서 다른 색깔보다 상당히 많은 관심을 받았다. 이러한 색의 영향을 조사한 몇 가지 연구 결과에 대해 이야기했고, 뒤이어 리틀 블랙 드레스에 대해 살펴보았다. 그런 다음 직장에서의 옷에 대해 논의했다. 에코와 루리[3]를 포함한 일부 학자는 옷이 음성 언어나 문자 언어와 비슷한 과정을 거쳐 메시지를 전달한다고 주장한다. 이들이 말하는 패션은 구문론과 의미론을 가진 부호이다. 그러나 이러한 견해는 옷을 문화적, 사회적, 심리적 측면에서 해석할 필요성에 대해서는 고려하지 않는다. 개인의 성격을 해석하는 연구에서는 대개 인위적인 자극, 즉 낯선 사람의 이미지를 사용한다. 그러나 현실에서 외모를 해석할 때 맥락과 개인차는 무시할 수 없는 요소이다. 더구나 우리가 어떤 사람에 대해 알아갈 때 시간이 지남에 따라 그 사람에 대한 해석을 바꿀 가능성이 높다. 앞서 우리는 착용자가 특정 아이템과의 관계를 향상하고 더 나아가 주관적인 안녕감을 높이기 위해 옷에 상징적 의미를 부여할 수 있다고 보았다. 최근 연구에 따르면, 옷은 착용자의 인지능력도 높일 수 있다. 이 내용은 6장 마지막 부분에서 중점적으로 다루면서 체화된 인지와 복식효과의 개념을 소개했다. 복식효과는 동시에 발생하는 두 가지 요소에 의해 결정되는 인지 과정에 옷이 미치는 영향에 대해 설명한다. 두 가지 요소는 옷의 상징적인 의미와 옷을 입는 실제적 행위를 말한다. 애덤과 갈린스키의 연구[4]는 옷을 입는 사람이 긍정적인 변화와 자율권을 위한 수단으로 옷과 패션을 이용하는 능력에 대해 설명했다.

미래에는

인간의 삶이 변하고 있다. 향후 10년 안에 태어나는 인구 중 3분의 1은 백 년 이상을 살 것이다. 패션 산업은 이에 어떻게 대응해야 할까?

패션은 새로움과 변화로 정의된다. 가차 없는 패션의 변화 속도는 패션 전문가의 정신적 탈진을 일으키는 원인으로 지목된다. 패션 위크에서는 본래 한 시즌 이른 컬렉션을 선보이지만 이러한 관행이 이제 바뀔지도 모른다. 미국 패션 디자이너 협회Council of Fashion Designers of America의 회장인 다이앤 본 퍼스텐버그Diane von Furstenberg는 소비자가 컬렉션을 보고 바로 구매할 수 있게 하는 좀 더 소비자 친화적인 계획을 발표했다. 이 발표에 뒤이어 버버리Burberry, 톰포드Tom Ford, 토미 힐피거Tommy Hilfiger도 서둘러 비슷한 계획을 발표했다. 이러한 행보가 보는 즉시 구매하려는 소비자의 욕구를 만족시키려는 것인지, 아니면 새로운 컬렉션을 기대하는 소비자의 심리를 이용하려는 브랜드 전략인지는 알 수 없지만, 확실한 것은 패션 업계가 아마존 같은 회사와 경쟁하면서 매출 증가를 위해 새로운 기술을 도입하고 있다는 사실이다. 일부 브랜드는 기술을 이용해 디자인을 개선하고 소셜미디어를 통해 소통하기도 한다. 일례로 큐트서킷CuteCircuit은 전기회로와 감지기능을 내장한 원단을 이용해 옷을 제작해서 디자인 측면에서 미적 즐거움을 선사했다. 그러나 기술 혁신을 패션에 적용해서 건강과 안녕감을 증진시키는 의류가 대량 생산되는 단계까지는 아직 실현되지 않았다.

소비자는 점점 아는 것이 많아지고 요구하는 것도 많아진다. 21세기의 패션 소비자는 다양한 경로를 통해 가격과 배송 방법을 비교하고 자신의 요구에 맞는 가장 적합한 상품을 선택한다. 원치 않는 물건의 반품 가능 여부는 소비자에게는 필수항목이지만, 반품된 상당수는 다시 팔리지 않기 때문에 회사에는 골칫거리이다. 의류 회사 간 경쟁이 치열한 상황에서 성공하기 위해서는 소비자의 요구를 만족시켜야 한다. 소비자 경험은 요즘 주목을 받는 주제이다. 명품 패션 소비자는 개인맞춤형 서비스에 익숙하지만 하이 스트리트 패션 소비자는 이러한 서비스를 이제 막 접하기 시작했다. 세계적인 화장품 유통사인 세포라Sephora는 얼마 전 미국 보스턴 인근에 '지역' 상점인 세포라 스튜디오를 열었다. 동네에서 쇼핑하기를 좋아하는 소비자를 겨냥한 것이다. 세포라 스튜디오를 열기로 한 이유는 사람들이 동네를 벗어나 쇼핑몰에 갈 시간이 별로 없기 때문이다. 세포라 스튜디오는 인테리어는 같지만 물건은 훨씬 적다. 대신 여기에는 제품이 스튜디오에 없으면 잘 훈련된 직원이 태블릿 피시를 이용해 소비자가 원하는 제품을 찾아준다. 소비자는 태블릿을 이용해 제품을 주문하고 구매한다. 매장에 없는 제품은 몇 시간 내로 소비자에게 배송된다. 세포라 스튜디오는 긍정적인 소비자 경험이 소비자 충성도에 가장 중요한 요소라고 여긴다. 많은 브랜드가 세포라와 같은 생각을 한다. 회사는 소비자가 형편없는 서비스를 받으면 상점에 머물거나 다시 돌아올 가능성이 낮아진다는 것을 이해하기 시작했다. 형편없는 서비스는 형편없는 피드백을 불러오기 십상이다. 소비자는 제품에 대한 평가와 서비스를 진지하게 받아들인다. 따라서 최상의 서비스를 제공하고 최고의 피드백을 받는 것이 회사나 브랜드를 위한 길이다.

증강현실과 가상현실은 수십 년 동안 우리 주변에 있었지만 패션에 진출하기까지는 오랜 시간이 걸렸다. 이 책이 출판될 즈음이면 상점 환경을 가상현실로 모의 체험하는 것이 가능해질 것이며, 몇 년 내에 이러한 체험이 상용화될 것이다. 토미 힐피거와 코치Coach는 이미 가상현실 헤드셋을 매장 내에 비치해 소비자들이 브랜드의 패션쇼를 경험할 수 있게 했다. 갭Gap은 증강현실 피팅룸을 도입하여 소비자들이 다양한 옷을 디지털상에서 입어볼 수 있게 했다. 그러나 이러한 서비스는 특정 스마트폰에서만 가능하다. 증강현실을 확실하게 적용한 것은 화장품 업계이다. 『비즈니스 오브 패션Business of Fashion』의 최근 기사에 따르면, 세포라, 샬롯 틸버리Charlotte Tilbury, 림멜Rimmel 같은 몇몇 브랜드는 증강현실 시스템을 일찍 도입하여 소비자가 자신의 핸드폰으로 화장품을 발라 볼 수 있게 했다.[5] 연구에 따르면 증강현실 애플리케이션은 매출을 22%까지 증가시킬 수 있지만, 그보다 더 중요한 이점은 증강현실이나 가상현실로 데이터를 수집할 수 있다는 것이다. 피팅룸에 스마트 거울을 설치해도 좋을 것이다. 사람들이 옷을 입어 보고 다른 사이즈를 찾아야 하는 상황이 오면 그 옷을 살 확률이 크게 떨어진다는 연구 결과가 있다. 스마트 거울이나 태블릿이 피팅룸에 설치되면 소비자들은 자신의 모습을 증강현실 애플리케이션을 통해 볼 수 있을 것이다. 그러면 더 크거나 작은 사이즈를 주문할 수 있고, 구매하려는 아이템과 어울리는 액세서리를 찾아보고 주문하는 것이 가능해진다.

맞춤옷에 마이크로칩을 내장하여 옷이 탄생하기까지의

이야기를 들려주는 방법도 생각해 볼 수 있다. 이렇게 하면 소비자들은 그 옷을 완성한 전문적 기법과 브랜드 유산의 진가를 제대로 알게 될 것이다. 이러한 기술이 저렴해지면 대량생산되는 아이템에 기술을 내장하는 것이 가능해질 것이고, 이로 인해 착용자가 그 아이템에 의미를 부여하면 더 오래 간직할 수 있다. 이 방법은 앞서 이 책에서 다루었던 옷에 상징적 의미를 부여하는 방식으로 활용될 수 있다.

기술 회사와 패션 브랜드가 손을 잡고 있다. 구글Google과 리바이스Levi's, 인텔Intel과 후세인 샬라얀Hussein Chalayan이 협업 중이다. 3D 프린팅의 사용이 증가하고 있고, 봉제 로봇인 소우봇sewbot은 패션 생산의 미래가 될 수 있다. 기술로 향상된 옷은 패션 산업에서 지속 가능성과 관련된 보다 시급한 문제를 해결할 수 있다. 예컨대 생명공학 분야에서는 실험실에서 콜라겐 등의 재료로부터 키운 신소재를 생산하고 있다. 이 소재를 이용하면 옷의 각 부분 단위로 원단을 재단하는 대신 옷 전체를 통째로 만들 수 있기 때문에 천연자원의 수요와 낭비를 줄일 수 있다. 재료과학자들은 광섬유나, 현재 개발 중인 기술이 내장된 소재를 만들 것이다. 이러한 소재는 천연자원을 절약할 뿐만 아니라 내

구성 측면에서도 제품이 지속 가능하게 만든다. 또한 신축성이 좋고 가벼우며 착용자의 체온에 따라 조절할 수 있고 자연분해가 가능할 것이다. 그리고 세탁해도 환경에 전혀 해가 되지 않을 것이다.

미래의 패션 관련 직업은 어떤 모습일까? 물론 편집장, 디자이너, 바이어, 스타일리스트, 사진가는 여전히 존재할 것이다. 그러나 패션과 기술의 결합에 대한 수요가 급속도로 증가하면서 패션업계에서도 새로운 직업이 생기고 있다. 실험실에서 키울 수 있는 새로운 원단과 직물을 개발하는 생물학자, 착용자의 안녕감 증진은 물론 착용자의 정보 수집까지 가능한 스마트 소재를 개발하는 재료과학자, 디자인과 생산 과정을 지원하는 3D 프린팅 전문가, 소비자에 관한 수십억 개의 데이터 포인트를 분석하고 해석하는 데이터 과학자, 기업이 보다 윤리적이고 사회적으로 책임 있는 행동을 하도록 지원해주는 환경 운동가가 있을 것이다. 또한 패션 업계의 모든 전문가와 손을 잡고 이들의 지식과 기술을 동원하여 인간 행동을 이해하고 개인적, 사회적, 전 지구적 수준에서 안녕감을 증진시키는 심리학자도 당연히 포함될 것이다. 소비자들이 의미 있는 쇼핑 경험을 요구함에 따라 소비자 심리학을 연구하는 학자들이 그 어느 때보다 더욱 필요하게 될 것이다. 교육전문가와 산업계에서는 여러 전문 분야를 아우르는 팀을 꾸리기 위해 인간 행동과 패션에 대한 폭넓은 이해를 지닌 심리학자를 영입할 것이다. 심리학과 패션은 이제 밀접한 관계를 맺고 있다. 이 둘의 결합을 환영하며 앞으로도 둘의 관계가 원만하길 기대한다.

감사의 글

이 책을 쓰는 동안 아낌없는 성원을 보내 주고 대학에서 패션 심리학이라는 새로운 분야를 열어 갈 기회를 준 런던 예술 대학교 소속 런던 컬리지 오브 패션에 이 자리를 빌어 감사의 마음을 전한다. 동료, 학생들과 함께 패션과 예술에서 각자의 관심 분야와 심리학을 연결하여 열띤 토론을 하게 되어 뿌듯한 마음이다. 특히 2015년에 패션 전문가를 위한 심리학 문학 석사 학위를 받은 베카 플리트우드-스미스와, 2016년 패션 응용 심리학에서 이학 석사 학위를 취득한 조이 쇼너시에게 학위 프로젝트 연구 결과를 공유해 준 것에 대해 고마움을 전한다.

이번 프로젝트에 신념을 갖고 처음부터 끝까지 지도와 지원을 아끼지 않은 루트리지 출판사의 편집팀, 그중에서도 러셀 조지에게 감사한다.

내가 그동안 이루어 낸 일들, 특히 이 책을 끝마치는 데 격려를 아끼지 않고 지지해 준 나의 파트너 마틴과 아이들 조나단, 루이자, 소피, 그리고 여동생 일레인과 가족들에게도 고마운 마음을 전한다.

주

01 패션을 입은 심리학

1 *Oxford English Dictionary*. https://en.oxforddictionaries.com/definition/psychology

2 British Psychological Society. www.bps.org.uk/what-we-do/bps/bps

3 American Psychological Association. www.apa.org/support/about-apa.aspx

4 *Oxford English Dictionary*. https://en.oxforddictionaries.com/definition/fashion

5 www.tandfonline.com/action/journalInformation?show=aimsScope&journalCode=rfft20

6 Hoskins, T. E. (2014). *Stitched up: The anti-capitalist book of fashion*. London: Pluto Press, p. 4.

7 Barnard, M. (2002). *Fashion as communication*. Hove, UK: Psychology Press.

8 Fashion United. Global fashion industry statistics-international apparel. https://fashionunited.com/global-fashion-industry-statistics

9 Kaiser, S. B. (1997). *The social psychology of clothing* (rev. ed.). New York: Fairchild.

10 Veblen, T. (1899). *The theory of the leisure class: An economic study in the evolution of institutions*. New York: Macmillan.
11 Amed, I., Berg, A., Brantberg, L., & Hedrich, S. (2016). *The state of fashion*. Business of Fashion and McKinsey & Company. www.mckinsey.com/industries/retail/our-insights/the-state-of-fashion

02 패션 산업에서의 안녕감

1 Seligman, M. E., & Csikszentmihalyi, M. (2014). Positive psychology: An introduction. In *Flow and the foundations of positive psychology* (pp. 279-298). Dordrecht: Springer Netherlands, p. 279.
2 Stoyanov, S. (2017). *A theory of human motivation*. Boca Raton, FL: CRC Press.
3 The Pursuit of Happiness. Martin Seligman. www.pursuit-of-happiness.org/history-of-happiness/martin-seligman-psychology
4 Mental Health Foundation. (2016, September 29). Adult psychiatric morbity survey: Survey of mental health and wellbeing, England, 2014. http://content.digital.nhs.uk/catalogue/PUB21748
5 World Health Organization. (2011, December 1). Global burden of mental disorders and the need for a comprehensive, coordinated response from health and social sectors at the country level. http://apps.who.int/gb/ebwha/pdf_files/EB130/B130_9-en.pdf
6 Mental Health Foundation. (2016, September 29). Adult psychiatric morbity survey: Survey of mental health and wellbeing, England, 2014. http://content.digital.nhs.uk/catalogue/PUB21748
7 Fitzsimmons-Craft, E. E. (2011). Social psychological theories of disordered eating in college women: Review and integration. *Clinical*

Psychology Review, 31(7), 1224-1237.

8 Festinger, L. (1954). A theory of social comparison processes. *Human Relations*, 7(2), 117-140.

9 Blumler, J. G., Brown, J. R., & McQuail, D. (1970). *The social origins of the gratifications associated with television viewing*. The British Social Science Research Council, UK.

10 Fredrickson, B. L., & Roberts, T. A. (1997). Objectification theory: Toward understanding women's lived experiences and mental health risks. *Psychology of Women Quarterly*, 21(2), 173-206.

11 The British Psychological Society. (2017, January 9). BPS response to Theresa May's speech on mental health. https://beta.bps.org.uk/news-and-policy/bps-response-theresa-mays-speech-mental-health

12 Nelson, B., & Rawlins, D. (2008). Relating schizotypy and personality to the phenomenology of creativity. *Schizophrenia Bulletin*, 36(2), 388-399.

13 Bellis, M. A., Hughes, K., Morleo, M., Tocque, K., Hughes, S., Allen, T., ... & Fe-Rodriguez, E. (2007). Predictors of risky alcohol consumption in schoolchildren and their implications for preventing alcohol-related harm. *Substance Abuse Treatment, Prevention, and Policy*, 2(1), 15.

14 British Fashion Council. (2007). *Model health inquiry report*. www.britishfashioncouncil.co.uk/uploads/files/1/The%20Report%20of%20the%20Model%20Health%20Inquiry,%20September%202007.pdf

03 신체상과 아름다움

1 Schilder, Paul. (1935). *The image and appearance of the human body:*

Studies in the constructive energies of the human psyche. London: Kegan Paul, Trench, Trubner.

2 Grogan, S. (2008). *Body image: Understanding body dissatisfaction in men, women, and children*. New York: Routledge.

3 Wolf, N. (1991). *The beauty myth: How images of women are used against women*. London: Vintage.

4 The Children's Society. (2017). *Good childhood report*. www.childrenssociety.org.uk/sites/default/files/the-good-childhood-report-2017_full-report_0.pdf

5 Frederick, D. A., Sandhu, G., Morse, P. J., & Swami, V. (2016). Correlates of appearance and weight satisfaction in a US national sample: Personality, attachment style, television viewing, self-esteem, and life satisfaction. *Body Image*, 17, 191-203.

6 Mitchison, D., Hay, P., Griffiths, S., Murray, S. B., Bentley, C., Gratwick-Sarll, K., Harrison, C., & Mond, J. (2017). Disentangling body image: The relative associations of overvaluation, dissatisfaction, and preoccupation with psychological distress and eating disorder behaviors in male and female adolescents. *International Journal of Eating Disorders*, 50, 118-126. doi:10.1002/eat.22592

7 Sylvia, Z., King, T. K., & Morse, B. J. (2014). Virtual ideals: The effect of video game play on male body image. *Computers in Human Behavior*, 37, 183-188.

8 Swami, V. (2009). Body appreciation, media influence, and weight status predict consideration of cosmetic surgery among female undergraduates. *Body Image*, 6(4), 315-317.

9 Honigman, R. J., Phillips, K. A., & Castle, D. J. (2004). A review of psychosocial outcomes for patients seeking cosmetic surgery. *Plastic*

and Reconstructive Surgery, 113(4), 1229.

10 American Society for Aesthetic Plastic Surgery. (2016). *Cosmetic surgery national data bank statistics*. www.surgery.org/sites/default/files/ASAPS-Stats2016.pdf

11 Ibid.

12 British Association of Aesthetic Plastic Surgeons. (2016, February 8). SUPER CUTS 'Daddy makeovers' and celeb confessions: Cosmetic surgery procedures soar in Britain. https://baaps.org.uk/about/news/38/super_cuts_daddy_makeovers_and_celeb_confessions_cosmetic_surgery_procedures_soar_in_britain

13 Nuffield Council on Bioethics. (2018). *Cosmetic procedures: Ethical issues*. https://nuffieldbioethics.org/project/cosmetic-procedures

14 Frederick, D. A., Lever, J., & Peplau, L. A. (2007). Interest in cosmetic surgery and body image: Views of men and women across the lifespan. *Plastic and Reconstructive Surgery*, 120(5), 1407-1415.

15 Mair, C., Wade, G., & Tamburic, S. (2015). Older women want to look good despite media pressure to look young. *International Journal of Aging and Society*, 5(1), 1-10.

16 Tiggemann, M. (2015). Considerations of positive body image across various social identities and special populations. *Body Image*, 14, 168-176.

17 Cili, S., Mair, C., & Kljakovic, M. (under review). The influence of advertising for cosmetics on middle-aged and older women: An online survey. *Aging and Society*.

18 Garland-Thomson, R. (2002). Integrating disability, transforming feminist theory. *NWSA Journal*, 14(3), 1-32, 12.

19 Changing Faces. (2017). *Disfigurement in the UK*. www.changingfaces.org.uk/wp-content/uploads/2017/05/

DITUK.pdf
20 Changing Faces. (2017). *About disfigurement*. www.changingfaces.org.uk/campaigns/dituk/about-disfigurement
21 Wolf, N. (1991). *The beauty myth: How images of women are used against women*. London: Vintage.
22 Leppänen, S., Westinen, E., & Kytola, S. (Eds.) (2016). *Social media discourse, (dis) identifications and diversities*. New York and London: Taylor & Francis.
23 Statista. Internet statistics and market data about the Internet. www.statista.com/markets/424/internet/
24 Statista. Leading fashion brands ranked by number of Instagram followers as of August 2017 (in millions). www.statista.com/statistics/483738/leading-fashion-brands-instagram-followers/
25 For the cover, see www.vogue.com/article/supermodel-cover-september-2014.
26 Harris, S. (2017, March 11). What is an influencer? *Vogue*. www.vogue.co.uk/article/what-is-an-influencer
27 Ibid.
28 Best, P., Manktelow, R., & Taylor, B. (2014). Online communication, social media and adolescent wellbeing: A systematic narrative review. *Children and Youth Services Review*, 41, 27-36.
29 Changing Faces. (2017, June 12). New government 'must act' on social media abuse. www.changingfaces.org.uk/new-government-must-act-socialmedia-abuse
30 Ousley, L., Cordero, E., & White, S. (2008). Fat talk among college students: How undergraduates communicate regarding food and body weight, shape and appearance. *Eating Disorders*, 16(1), 73-84.
31 Johnson, K., Lennon, S. J., & Rudd, N. (2014). Dress, body and self:

Research in the social psychology of dress. *Fashion and Textiles*, 1(1), 20.
32 Salk, R. H., & Engeln-Maddox, R. (2011). "If you're fat, then I'm humongous!" Frequency, content, and impact of fat talk among college women. *Psychology of Women Quarterly*, 35(1), 18-28.
33 Sladek, M., Engeln, R., & Miller, S. (2014). Development and validation of the male body talk scale: A psychometric investigation. *Body Image*, 11(3), 233-244.
34 Rudiger, J. A., & Winstead, B. A. (2013). Body talk and body-related co-rumination: Associations with body image, eating attitudes, and psychological adjustment. *Body Image*, 10(4), 462-471.
35 Fredrickson, B. L., & Roberts, T. A. (1997). Objectification theory: Toward understanding women's lived experiences and mental health risks. *Psychology of Women Quarterly*, 21(2), 173-206.
36 Fredrickson, B. L., & Roberts, T. A. (1997). Objectification theory: Toward understanding women's lived experiences and mental health risks. *Psychology of Women Quarterly*, 21(2), 173-206.
37 Tylka, T. L. (2004). The relation between body dissatisfaction and eating disorder symptomatology: An analysis of moderating variables. *Journal of Counseling Psychology*, 51(2), 178.
38 Fredrickson, B. L., & Roberts, T. A. (1997). Objectification theory: Toward understanding women's lived experiences and mental health risks. *Psychology of Women Quarterly*, 21(2), 173-206.
39 Fredrickson, B. L., Roberts, T. A., Noll, S. M., Quinn, D. M., & Twenge, J. M. (1998). That swimsuit becomes you: Sex differences in self-objectification, restrained eating, and math performance. *Journal of Personality and Social Psychology*, 75(1), 269-284.
40 Martins, Y., Tiggemann, M., & Kirkbride, A. (2007). Those Speedos become them: The role of self-objectification in gay and heterosexual

men's body image. *Personality and Social Psychology Bulletin*, 33(5), 634-647.

41 Roberts, T. A., & Gettman, J. Y. (2004). Mere exposure: Gender differences in the negative effects of priming a state of self-objectification. *Sex Roles*, 51(1), 17-27.

42 McKinley, N. M. (1998). Gender differences in undergraduates' body esteem: The mediating effect of objectified body consciousness and actual/ideal weight discrepancy. *Sex Roles*, 39(1), 113-123.

04 나를 표현하는 패션

1 James, W. (1890). *The principles of psychology* (Vol.1). London: Palgrave Macmillan, p. 21.

2 Maslow, A. H. (1943). A theory of human motivation. *Psychological Review*, 50(4), 370.

3 Maslow, A. H. (1969). Various meanings of transcendence. *The Journal of Transpersonal Psychology*, 1(1), 55-56.

4 Creekmore, A. M. (1963). *Clothing behaviors and their relation to general values and to the striving for basic needs* (Doctoral dissertation, Pennsylvania State University).

5 Hixon, J. G., & Swann, W. B. (1993). When does introspection bear fruit? Self-reflection, self-insight, and interpersonal choices. *Journal of Personality and Social Psychology*, 64(1), 35.

6 Bem, D. J. (1972). Self-perception theory. *Advances in Experimental Social Psychology*, 6, 1-62.

7 Kellerman, J. M., & Laird, J. D. (1982). The effect of appearance on selfperceptions. *Journal of Personality*, 50(3), 296-351.

8 Kwon, Y. (1994). The influence of appropriateness of dress and

gender on the self-perception of occupational attributes. *Clothing and Textile Research Journal*, 12(3), 33-39.

9 Peluchette, J., & Karl, K. (2007). The impact of workplace attire on employee self-perceptions. *Human Resource Development Quarterly*, 18(3), 345-360.

10 Guy, A., & Banim, M. (2000). Personal collections: Women's clothing use and identity. *Journal of Gender Studies*, 9(3), 313-327.

11 Ibid., p. 321.

12 Bandura, A. (1969). Social-learning theory of identificatory processes. *Handbook of Socialization Theory and Research*, 213, 262.

13 Festinger, L. (1954). A theory of social comparison processes. *Human Relations*, 7(2), 117-140.

14 Morse, S., & Gergen, K. J. (1970). Social comparison, self-consistency, and the concept of self. *Journal of Personality and Social Psychology*, 16(1), 148.

15 Higgins, E. T. (1987). Self-discrepancy: A theory relating self and affect. *Psychological Review*, 94(3), 319.

16 Tajfel, H. (Ed.) (2010). *Social identity and intergroup relations*. Cambridge: Cambridge University Press.

17 Wilson, E. (1985). *Adorned in dreams: Fashion and modernity*. London: Virago.

18 Kaiser, S. B., & Freeman, C. M. (1989, August). Meaningful clothing and the framing of emotion: Toward a gender-relational understanding. Paper presented at the meeting of the Society for the Study of Symbolic Interaction, San Francisco.

19 Lewis, D. C., Medvedev, K., & Seponski, D. M. (2011). Awakening to the desires of older women: Deconstructing ageism within fashion magazines. *Journal of Aging Studies*, 25(2), 101-109.

20 Hunter, M. L. (2011). Buying racial capital: Skin-bleaching and cosmetic surgery in a globalized world. *Journal of Pan African Studies*, 4(4), 142-149.

21 Kang, J., & Park-Poaps, H. (2011). Motivational antecedents of social shopping for fashion and its contribution to shopping satisfaction. *Clothing and Textiles Research Journal*, 29(4), 331-347.

22 Wasylkiw, L., Emms, A. A., Meuse, R., & Poirier, K. F. (2009). Are all models created equal? A content analysis of women in advertisements of fitness versus fashion magazines. *Body Image*, 6(2), 137-140.

23 Lewis, D. C., Medvedev, K., & Seponski, D. M. (2011). Awakening to the desires of older women: Deconstructing ageism within fashion magazines. *Journal of Aging Studies*, 25(2), 101-109.

24 Burns, J. (2013, August 15). Few over-65s feel old but half object to ageism-survey. *BBC News*. www.bbc.co.uk/news/education-23697349

25 Jones, H. (2015, June 22). The economics of retirement: The power of pensioner spending. *The Guardian*. www.theguardian.com/money/2015/jun/22/economics-of-retirement-power-pensioner-spending

26 Scope. (2017, March). Disability facts and figures. *Family Resources Survey: Financial Year 2015/16*. www.scope.org.uk/media/disability-facts-figures#La6SUCvaBM6v0qGG.99

27 Garland-Thomson, R. (2002). Integrating disability, transforming feminist theory. *NWSA Journal*, 14(3), 1-32.

28 Garland-Thomson, R. (2002). Integrating disability, transforming feminist theory. *NWSA Journal*, 14(3), 1-32.

29 (2017, July 17). The fashion industry pays attention to plus-size women. *The Economist*. https://www.economist.com/news/

business/21725029-revenuecategory-outstripping-total-clothing-sales-fashion-industry-pays
30 Campbell, D. T. (1958). Common fate, similarity, and other indices of the status of aggregates of persons as social entities. *Systems Research and Behavioral Science*, 3(1), 14-25.
31 Campbell, D. T. (1958). Common fate, similarity, and other indices of the status of aggregates of person as social entities. *Behavioural Science*, 3, 14-25.

05 어떤 옷을 살까?

1 News Agencies. (2013, September 16). Vivienne Westwood: Everyone buys too many clothes. *Telegraph*. http://fashion.telegraph.co.uk/news-features/TMG10312077/Vivienne-Westwood-Everyone-buys-too-many-clothes.html
2 Willis, A., and agencies. (2013, July 5). Average male gets bored on shopping trip after just 26 minutes. *Telegraph*. www.telegraph.co.uk/news/uknews/10161610/Average-male-gets-bored-on-shopping-trip-after-just-26-minutes.html
3 Tiggemann, M., & Zaccardo, M. (2015). "Exercise to be fit, not skinny": The effect of fitspiration imagery on women's body image. *Body Image*, 15, 61-67.
4 McCracken, G. D., & Roth, V. J. (1989). Does clothing have a code? Empirical findings and theoretical implications in the study of clothing as a means of communication. *International Journal of Research in Marketing*, 6(1), 13-33.
5 Veblen, T. (1899). *Theory of the leisure class: An economic study in the evolution of institutions*.

6 Solomon, M. R., & Rabolt, N. J. (2004). *Consumer behavior: In fashion*. Upper Saddle River, NJ: Prentice Hall.

7 Black, D. W. (2007). A review of compulsive buying disorder. *World Psychiatry*, 6(1), 14-18.

8 Koran, L. M., Faber, R. J., Aboujaoude, E., Large, M. D., & Serpe, R. T. (2006). Estimated prevalence of compulsive buying behavior in the United States. *American Journal of Psychiatry*, 163(10), 1806-1812.

9 McElroy, S. L., Satlin, A., Pope, H. G., Keck, P. E., & Hudson, J. I. (1991). Treatment of compulsive shopping with antidepressants: A report of three cases. *Annals of Clinical Psychiatry*, 3(3), 199-204.

10 Black, D. W. (2007). A review of compulsive buying disorder. *World Psychiatry*, 6(1), 14.

11 Hood, B. (2016). Make recycled goods covetable: To reduce consumption and waste we must overcome our squeamishness about repurposing pre-owned possessions. *Nature*, 531(7595), 438-441.

12 Hood, B. M., & Bloom, P. (2008). Children prefer certain individuals over perfect duplicates. *Cognition*, 106, 455-462.

13 Meyer, M., Leslie, S. J., Gelman, S. A., & Stilwell, S. M. (2013). Essentialist beliefs about bodily transplants in the United States and India. *Cognitive Science*, 37(4), 668-710.

14 Clean Clothes Campaign. (2015, January 23). Clean Clothes Campaign contribution to the informal meeting with stakeholders on responsible management of the supply chain in the garment sector. European Commission, Brussels. cleanclothes.org/img/pdf/ccc-contribution-flagship-initiative

15 2015 Annual Report. (2016, March 10). https://cleanclothes.org/about/annual-reports/2015-annual-report/view. Clean Clothes Campaign. (2014). Stitched up: Poverty wages for garment workers

in Eastern Europe and Turkey. https://cleanclothes.org/livingwage/stitched-up. Luginbuhl, C. (2017). *Labour on a shoestring*. https://cleanclothes.org/resources/recommended-reading/labour-on-a-shoestring

16 Friedman, V. (2017, April 20). The new meaning of fast fashion. *The New York Times*. www.nytimes.com/2017/04/20/fashion/farfetch-gucci-designerdelivery.html?mwrsm=Email&_r=0

17 Fleetwood-Smith, R. & Hefferon, K. (2015). Attachment theory applied to clothing. British Psychological Society Annual Conference, Liverpool UK, 5-7 May.

18 Fleetwood-Smith, R., Hefferon, K., and Mair, C. (under review). Personal enclothed cognition: Understanding the symbolic experience of actively worn attachment clothing. *International Journal of Fashion Studies*.

19 Adam, H., & Galinsky, A. D. (2012). Enclothed cognition. *Journal of Experimental Social Psychology*, 48(4), 918-925.

20 Fleetwood-Smith, R., Hefferon, K., and Mair, C. (under review). Personal enclothed cognition: Understanding the symbolic experience of actively worn attachment clothing. *International Journal of Fashion Studies*.

21 Shaughnessey, Z. (2017). The lived experience of female breast cancer survivors, and their relationship with clothing, from a posttraumatic growth perspective. British Psychological Society Annual Conference, Brighton UK, 3-5 May.

06 무슨 옷을 입을까?

1 Simmel, G. (1957). Fashion. *American Journal of Sociology*, 62(6),

541-558, 542.
2 Ibid., p. 544.
3 Bourdieu, P. (1984). *Distinction: A social critique of the judgement of taste*. Cambridge, MA: Harvard University Press.
4 Hurlock, E. B. (1929). The psychology of dress: An analysis of fashion and its motive. *International Quarterly*, 10(1904), 130-155.
5 Barr, E. D. Y. (1934). *A psychological analysis of fashion motivation* (Vol. 26, No. 171-178). New York: Columbia University.
6 Asch, S. E. (1964). The process of free recall. In C. Scheerer (Ed.), *Cognition: theory, research, promise* (pp. 79-88). New York: Harper & Row. Milgram, S. (1963). Behavioral study of obedience. *Journal of Abnormal and Social Psychology*, 67(4), 371. Haney, C., Banks, W. C., & Zimbardo, P. G. (1973). A study of prisoners and guards in a simulated prison. *Naval Research Reviews*, 9, 1-17.
7 Bellezza, S., Gino, F., & Keinan, A. The red sneakers effect: Inferring status and competence from signals of nonconformity. *Journal of Consumer Research*, 41(1), 35-54.
8 Damhorst, M. L. (1990). In search of a common thread: Classification of information communicated through dress. *Clothing and Textiles Research Journal*, 8(2), 1-12.
9 Behling, D. U., & Williams, E. A. (1991). Influence of dress on perception of intelligence and expectations of scholastic achievement. *Clothing and Textiles Research Journal*, 9(4), 1-7.
10 Cahoon, D. D., & Edmonds, E. M. (1989). Male-female estimates of oppositesex first impressions concerning females' clothing styles. *Bulletin of the Psychonomic Society*, 27(3), 280-281.
11 Johnson, K. K., & Workman, J. E. (1992). Clothing and attributions concerning sexual harassment. *Family and Consumer Sciences*

Research Journal, 21(2), 160-172.

12 Moody, W., Kinderman, P., & Sinha, P. (2010). An exploratory study: Relationships between trying on clothing, mood, emotion, personality and clothing preference. *Journal of Fashion Marketing and Management: An International Journal*, 14(1), 161-179.

13 Bramley, E. V. (2017, February 3). Dopamine dressing - can you dress yourself happy? *Guardian*. www.theguardian.com/fashion/2017/feb/03/dopamine-dressing-can-you-dress-yourself-happy

14 Schlaffke, L., Golisch, A., Haag, L., Lenz, M., Heba, S., Lissek, S., ..., Tegenthoff, M. (2015). The brain's dress code: How the Dress allows to decode the neuronal pathway of an optical illusion. *Cortex*, 73, 271-275.

15 Elliot, A. J. (2015). Color and psychological functioning: A review of theoretical and empirical work. *Frontiers in Psychology*, 6.

16 Goethe, J. W. V. (1840). *Theory of colours*. 1810. Trans. by Charles Lock Eastlake. London: John Murray, Albemarle Street.

17 Pazda, A. D., Elliot, A. J., & Greitemeyer, T. (2012). Sexy red: Perceived sexual receptivity mediates the red-attraction relation in men viewing woman. *Journal of Experimental Social Psychology*, 48(3), 787-790.

18 Roberts, S. C., Owen, R. C., & Havlicek, J. (2010). Distinguishing between perceiver and wearer effects in clothing color-associated attributions. *Evolutionary Psychology*, 8(3), 350-364.

19 Feltman, R., & Elliot, A. J. (2011). The influence of red on perceptions of relative dominance and threat in a competitive context. *Journal of Sport and Exercise Psychology*, 33(2), 308-314.

20 Hill, R. A., & Barton, R. A. (2005). Red enhances human performance in contests. *Nature*, 435, 293.

21 Hagemann, N., Strauss, B., & Leißing, J. (2008). When the referee sees red ... *Psychological Science*, 19(8), 769-771.

22 Slepian, M. L., Ferber, S. N., Gold, J. M., & Rutchick, A. M. (2015). The cognitive consequences of formal clothing. *Social Psychological and Personality Science*, 6(6), 661-668.

23 Kraus, M. W., & Mendes, W. B. (2014). Sartorial symbols of social class elicit class-consistent behavioral and physiological responses: A dyadic approach. *Journal of Experimental Psychology: General*, 143(6), 2330.

24 Dress for Success. https://dressforsuccess.org/

25 Barthes, R. (1983). *The fashion system*, trans. M. Ward and R. Howard. New York: Hill and Wang, 1968. Lurie, A. (1992). *The language of clothes* (1st ed. revised). London: Bloomsbury Publishing.

26 McCracken, G. D., & Roth, V. J. (1989). Does clothing have a code? Empirical findings and theoretical implications in the study of clothing as a means of communication. *International Journal of Research in Marketing*, 6(1), 13-33.

27 Boultwood, A., & Jerrard, R. (2000). Ambivalence, and its relation to fashion and the body. *Fashion Theory*, 4(3), 301-321.

28 Shannon, C. E., Weaver, W., & Burks, A. W. (1951). *The mathematical theory of communication*. Urbana, IL: University of Illinois Board of Trustees.

29 Eco, U. (1977). Semiotics of theatrical performance. *The Drama Review: TDR*, 21(1), 107-117.

30 Goffman, E. (1979). Footing. *Semiotica*, 25(1-2), 1-30.

31 Lurie, A. (1992). *The language of clothes* (1st ed. revised). London: Bloomsbury Publishing.

32 Flugel, I. (1930). On the significance of names. *Psychology and*

Psychotherapy: Theory, Research and Practice, 10(2), 208-213.

33 Solomon, M. R. (1985). *Psychology of fashion*. Lanham, MD: Lexington Books. Solomon, M. R., & Rabolt, N. J. (2004). *Consumer behavior: In fashion*. Upper Saddle River, NJ: Prentice Hall.

34 Ibid., p. 18.

35 Barnard, M. (2002). *Fashion as communication*. Hove, UK: Psychology Press.

36 Damhorst, M. L. (1990). In search of a common thread: Classification of information communicated through dress. *Clothing and Textiles Research Journal*, 8(2), 1-12.

37 Asch, S. E. (1946). Forming impressions of personality. *Journal of Abnormal and Social Psychology*, 41(3), 258.

38 Goldinger, S. D., Papesh, M. H., Barnhart, A. S., Hansen, W. A., & Hout, M. C. (2016). The poverty of embodied cognition. *Psychonomic Bulletin & Review*, 23(4), 959-978.

39 An animation explaining the concept of enclothed cognition can be found here: https://youtu.be/MtPPaCBJdw0

40 Adam, H., & Galinsky, A. D. (2012). Enclothed cognition. *Journal of Experimental Social Psychology*, 48(4), 918-925.

41 Adam, H., & Galinsky, A. D. (2012). Enclothed cognition. *Journal of Experimental Social Psychology*, 48(4), 918-925.

07 패션의 현재와 미래

1 Seligman, M. E. (2002). Positive psychology, positive prevention, and positive therapy. In C. R. Snyder & S. J. Lopez (Eds.) *Handbook of positive psychology* (pp. 3-12). New York: Oxford University Press.

2 Nuffield Council on Bioethics. (2017). *Cosmetic procedures: Ethical*

issues. http://nuffieldbioethics.org/project/cosmetic-procedures
3 Eco, U. (1977). Semiotics of theatrical performance. *The Drama Review: TDR*, 21(1), 107-117.
4 Lurie, A. (1992). *The language of clothes* (1st ed. revised). London: Bloomsbury Publishing.
5 Jiang, E. (2017). Virtual reality: Growth engine for fashion? *Business of Fashion*, 28 February. www.businessoffashion.com/articles/fashion-tech/virtual-reality-growth-engine-for-fashion

추가자료

Anguelov, N. (2015). *The dirty side of the garment industry: Fast fashion and its negative impact on environment and society*. Boca Raton, FL:Taylor Frances.

Barnard, M. (2002). *Fashion as communication*. Hove, UK: Psychology Press.

Bruce,V., Green, P. R., & Georgeson, M.A. (2003). *Visual perception:Physiology, psychology, & ecology*. Hove, UK: Psychology Press.

Bull, R., & Rumsey, N. (2012). *The social psychology of facial appearance*. Berlin: Springer Science & Business Media.

Cash, T. F., & Pruzinsky, T. (2004). *Body image: A handbook of theory, research, and clinical practice*. New York: Guilford Press.

Coolican, H. (2014). *Research methods and statistics in psychology*. London: Hodder & Stoughton Educational.

Cosgrave, B. (2001). *The complete history of costume & fashion: From ancient Egypt to the present day*. New York: Checkmark Books.

Davis, F. (1985). Clothing and fashion as communication. In *The psychology of fashion* (pp. 15–27). Lexington, MA: Lexington Books.

Davis, F. (1994). *Fashion, culture, and identity*. Chicago, IL: University of Chicago Press.

Entwistle, J. (2015). *The fashioned body: Fashion, dress and social theory*. Hoboken, NJ: John Wiley & Sons.

Eysenck, M.W.,& Keane, M.T. (2000). *Cognitive psychology: A student's handbook*. New York:Taylor & Francis.

Gelman, S. A. (2013). Artifacts and essentialism. *Review of Philosophy and Psychology*, 4(3), 449–463.

Grogan S. (2008). *Body image: Understanding body dissatisfaction in men, women, and children*. London/New York: Routledge.

Hefferon, K. (2013). *Positive psychology and the body: The somatopsychic side to flourishing*. New York: McGraw–Hill Education.

Heti, S., Julavits, H., & Shapton, L. (2014). *Women in clothes*. London: Penguin.

Hoskins,T. E. (2014). *Stitched up: The anti-capitalist book of fashion*. London: Pluto Press.

Jarrett, C. (2014). *Great myths of the brain*. Hoboken, NJ: John Wiley & Sons.

Kohrer, E., & Schaffrin, M. (2016). *Fashion made fair: Modern-innovative-sustainable*. London: Prestel Publishing.

McDougall, W. (2015). *An introduction to social psychology*. Hove, UK: Psychology Press.

Nuffield Council on Bioethics. (2017). *Cosmetic procedures: Ethical*

issues. http://nuf fieldbioethics.org/wp-content/uploads/Cosmetic-procedures-fullreport.pdf
Peterson, C., & Seligman, M. E. (2004). *Character strengths and virtues: A handbook and classification* (Vol. 1). Oxford: Oxford University Press.
Pruzinsky,T.,& Cash,T. F. (Eds.) (2002). *Body image:A handbook of theory, research, and clinical practice*. New York: Guilford Press.
Rocamora, A. (2015). *Thinking through fashion: A guide to key theorists*. New York: IB Tauris.
Sedikides, C., & Brewer, M. B. (Eds.) (2015). *Individual self, relational self, collective self*. Hove, UK: Psychology Press.
Seligman, M. E. (2017). *Authentic happiness: Using the new positive psychology to realize your potential for lasting fulfillment*. Boston: Nicholas Brealey Publishing.
Shapiro, L. (2010). *Embodied cognition*. New York: Routledge.
Snyder, C. R., & Lopez, S. J. (Eds.) (2009). *Oxford handbook of positive psychology*. Oxford: Oxford University Press.
Solomon, M. R. (2017). *Consumer behavior: Buying, having, and being, global*. London: Pearson Education Ltd.
Solomon, M. R., & Rabolt, N. J. (2004). *Consumer behavior: In fashion*. Upper Saddle River, NJ: Prentice Hall.
Steele,V. (Ed.) (2004). *Fashion theory:The journal of dress, body & culture*. Oxford: Berg.
Stoyanov, S. (2017). *A theory of human motivation*. Boca Raton, FL: CRC Press.
Tajfel, H. (1981). *Human groups and social categories: Studies in*

social psychology. Cambridge University Press Archive.

Tamagni, D. (2015). *Fashion tribes: Global street style*. New York: Harry N.Abrams, Inc.

Tedeschi, J.T. (Ed.) (2013). *Impression management theory and social psychological research*. Cambridge, MA: Academic Press.

Wolf, N. (1991). *The beauty myth: How images of women are used against women*. London: Vintage.